Karl Ballmer

Briefwechsel über die motorischen Nerven

Erweiterte Neuausgabe

Edition LGC
Siegen / Sancey le Grand
2013

Veröffentlicht aus dem Nachlass Karl Ballmers mit freundlicher Genehmigung des Staatsarchives des Kantons Aargau (Schweiz). Die Herausgabe besorgten Martin Cuno und Peter Wyssling.

Die Neuherausgabe aller im Buch enthaltener Texte Karl Ballmers erfolgt unter weitestgehender Berücksichtigung des beim Staatsarchiv befindlichen umfangreichen Originalmaterials (Briefe verschiedener Absender, Manuskripte, Notizen, etc.).

Die Verfügungsrechte am schriftlichen Nachlass Karl Ballmers (1891-1958) befinden sich beim Staatsarchiv des Kantons Aargau. Die Edition LGC befasst sich mit Erfassung und verlegerischer Erschließung.

1. Auflage in diesem Verlag, 2013
© 2013 Edition LGC, Siegen / Sancey le Grand
Alle Rechte vorbehalten
Herstellung: Books on Demand GmbH, Norderstedt
ISBN 978-3-930964-22-2

Der vorliegende Band wird inhaltlich ausgiebig ergänzt und kommentiert durch das im gleichen Verlag erschienene Buch:

Peter Wyssling: Rudolf Steiners Kampf gegen die motorischen Nerven – Das Schicksal einer Weltanschauungsentscheidung in Karl Ballmer und Gerhard Kienle. Edition LGC, 2013, ISBN 978-3-930964-26-0

Zur Malerei Karl Ballmers (und zu seiner Biographie) siehe die Monographie von Beat Wismer: Karl Ballmer – Der Maler, Baden (Schweiz), Verlag Lars Müller 1990 (herausgegeben vom Aargauer Kunsthaus und von der Karl Ballmer Stiftung).

Weitere Schriften Karl Ballmers sind zu beziehen vom Verlag Fornasella, CH-6863 Besazio, Tel. 0041-91-6463787.

Auskünfte und ergänzendes Material zu Texten Karl Ballmers finden Sie auch unter der Internetadresse:

www.edition-lgc.de

Wer die Verhältnisse nüchtern anblickt, sieht sich in einer Zerreißprobe. Lebt man das aus, was man als die gewordene Persönlichkeit eben kann, dann gerät man in Opposition zu Rudolf Steiner, folgt man ihm, muss man über sich hinauswachsen – aber wie?

Gerhard Kienle, 1982

Inhalt

Briefwechsel über die motorischen Nerven (1953)   7

Ergänzende Briefe

   Brief von Hermann Poppelbaum, 7. Januar 1953   141
   Brief von Gerhard Kienle, 20. Februar 1953   141
   Brief von Gerhard Kienle, 29. April 1953   143
   Brief an Gerhard Kienle, 2. Mai 1953   143

Ergänzungen aus den Entwürfen

   Entwurf „Es musste ..."   144
   Auswahl einiger faksimilierter Notizen   146

Sonstige Ergänzungen

   Brief an die Arbeitsgemeinschaft anthroposophischer Ärzte, 12. Dezember 1951   154
   Undatierter Entwurf   156
   Undatierter Entwurf   159
   Brief an Gerbert Grohmann, 24. Oktober 1953   160
   Brief an Carlo Septimus Picht, 5. November 1953   162
   Brief an Hermann Weyl, 5. November 1953   163
   Brief von Hermann Weyl, 27. November 1953   165
   Brief an Hermann Weyl, 29. November 1953   165
   Notizblatt Nr. 15, 29. November 1954   166
   Brief an Erich Brock, 14. August 1956   168

Die Zukunft des deutschen Idealismus (1956) 170
    Brief an Fritz Götte, 4. Januar 1956 191
    Notiz zu Otto Heinrich Jaeger 192
    Ein Gedicht Schellings 195

Erläuterungen der Herausgeber 197

  Literaturverzeichnis 230

  Personenregister 232

Briefwechsel über die motorischen Nerven

(1953)

H. G. IN FEDE

K. B. an Dr. H. Poppelbaum am 17. Dezember 1952.

Sehr geehrter Herr Dr. Poppelbaum!

Ich würde es begrüßen, wenn Sie Ihre Autorität einsetzen wollten, um zu verhindern, dass R. ST. unnötig vor der wissenschaftlichen Öffentlichkeit kompromittiert wird. Meine Toleranzmaxime ist: Jeder Anthroposoph hat das Recht, sich vor Rudolf Steiner so gut zu blamieren als er kann. Dagegen sollte angestrebt werden, nicht auch Rudolf Steiner zu blamieren.

Dr. Gerhard Kienle, in „Die Grundfragen der Nerven-Physiologie", Manuskriptdruck Tübingen 1950, vertritt S. 50 den Gedanken: Bei Aufrechterhaltung der Fiktion „motorischer" Nerven müsse angenommen werden, dass jedem Erregungsimpuls ein Wahrnehmungsvermögen eigne, das den Impuls auf den richtigen Weg leitet. Der motorische Nerv besitze eine Wahrnehmungsfunktion, durch die er die Organe finde, auf die sich der Willensimpuls bezieht. – Diesen Gedanken übernahm H. Witzenmann (Anthroposophisch-Medizinisches Jahrbuch III, 1952, S. 244): Bewegung sei nur möglich, wenn vom motorischen Nerven die Stelle im Organismus gefunden wird, an welcher der bewegende Eingriff des Geistes erfolgen soll. „Die sogenannten motorischen Nerven dienen daher lediglich der Vermittlung jener Wahrnehmungen am eigenen Organismus, deren unser Geist bedarf, wenn er bei einer Bewegungsabsicht sich dem Organismus zuwendet." Ich habe mir über diese Kienle-Witzenmann-These in der Unterhaltung mit mir selbst ein eindeutiges Urteil gebildet, auf dessen Wiedergabe ich hier aus Höflichkeitsrücksichten verzichte.

Bei Kienle, S. 50, heißt es (ich gebe den Text wörtlich genau wieder):

„Wenn ... man das Erregungsprinzip aufrechterhalten wollte, dann müsste jeder Erregungsimpuls von einem besonderen Wahrnehmungsvermögen bis zum Endorgan vorhanden sein, der an jeder Fasergabelung den Impuls auf den richtigen Weg leitet. Es muss also auf alle Fälle das Organ wahrgenommen werden, damit der Impuls hingeleitet werden kann. Für das Wahrnehmungsvermögen steht aber nur ein Nerv zur Verfügung, und das ist der motorische. Damit erweist sich, dass der sogenannte motorische Nerv eine Wahrnehmungsfunktion besitzt und durch diese die Organe findet, auf die sich der Willensimpuls bezieht. *Erstmalig ist diese Funktion wohl durch R. Steiner ausgesprochen worden.*"

Es wäre verdienstlich, wenn Sie Herrn Dr. Kienle veranlassen könnten, den letzten, von mir hervorgehobenen Satz aus dem Manuskripte auszulassen, – damit nicht R. ST. unnötig blamiert wird.

Mit freundlichen Grüßen
K. B.

K. B. an Dr. H. Poppelbaum am 31. Dezember 1952.

Sehr geehrter Herr Dr. Poppelbaum!

Zur Ergänzung meines Schreibens vom 17. Dezember gestatte ich mir einige Nachdenklichkeiten.

Ich bedaure den *U n e r n s t*, den man sich gegenüber Rudolf Steiner erlaubt. In der Einleitung zu „Die Grundfragen der Nerven-Physiologie" versichert Dr. Kienle:

„Die Anregungen zu den Fragestellungen werden R. Steiner verdankt, insbesondere seinem Werk 'Von Seelenrätseln.'" Hat der Mann schon einmal seine Nase in das genannte Buch gesteckt, vielleicht auch nur in das Inhaltsverzeichnis mit den Kapitelüberschriften? Hätte er das getan, so würde er bemerkt haben, dass in dem für sein Thema entscheidenden 6. Kapitel des 4. Teiles des Buches die Rede ist von den

*physischen und geistigen Abhängigkeiten
der Menschenwesenheit.*

Hat einer von dieser Problemstellung, die den gesamten Universitätsplunder tief unter sich lässt, auch nur oberflächlich Kenntnis genommen, dann ist er bestimmt nicht in der Lage, zu tun, was Kienle tut, der im ersten Satze seiner Arbeit nach dem „Zusammenhange der Leiblichkeit des Menschen mit seinem Seelischgeistigen" frägt. Es ist doch vollkommen unmöglich, dass einer im akademischen Stil von dem famosen „Leib-Seele-Verhältnis" daherredet, wenn er von der Fragestellung in „Von Seelenrätseln" auch nur obenhin Kenntnis genommen hat. Der Inhalt der Arbeit Kienles beweist denn auch, was herauskommen muss, wenn man den *Unernst* gegenüber R. ST. zur Arbeitsmaxime macht: die Arbeit ist sowohl vom akademischen wie vom anthroposophischen Gesichtspunkte aus ein undiskutabler Schmarren. Wer von „Physiologie der Freiheit" tünt, beweist seine Ahnungslosigkeit in anthroposophicis.

Es hätte nicht geschehen dürfen, dass man anthroposophischerseits auf Viktor von Weizsäcker hereinfiel. Man hätte gegenüber Weizsäcker die Chance gehabt, einmal mit methodischer Gründlichkeit klarzustellen und herauszuarbeiten, dass die Grund-Fragestellung des „Gestaltkreises" – eben das famose „Leib-Seele-Verhältnis" – absolut falsch und unmöglich ist, und dass die angebotenen Antworten dementsprechend zu bewerten sind. Es ist wirklich nichts damit getan, dass man so ein bisschen von Weizsäcker abschreibt und anthroposophische Fransen dranhängt. Man hätte einsehen sollen, dass es insbesondere unmöglich ist, im Weizsäckerschen Stil von einem „Ich-Umwelt-Verhältnis" zu sprechen. – Im Vortrage Nr. 4544 stellte R. ST. fest: „Aber diesen Vortrag hat ja bis heute keiner noch verstanden" – er meint den Vortrag in Bologna, in dem statuiert wird, dass das „Ich" draußen bei den sinnlich wahrgenommenen Dingen ist, und per Wahrnehmung von außen auf mich zukommt. *Dies* hätte man Weizsäcker entgegenzuhalten! Oder noch besser: man hätte es sich selbst zu Gemüte zu führen! – Die Peinlichkeit des Kapitels „Wärme und Motilität" in Husemanns „Das Bild des Menschen" beruht auf der unernsten Haltung gegenüber der Bologna-These. Husemann: „Man kann die Motilität nur in Zusammenhang mit einem Erwärmungsprozess betrachten"; H. verlegt mit selbstverständlicher Gedankenlosigkeit das „Ich" in die Wärmevorgänge des Körpers, er hat noch nicht davon Kenntnis genommen, dass das wirkend-wirkliche „Ich" *von außen* – als Karma – herankommt. Er hätte, bevor er den monströsen Unsinn seines Kapitels „Wärme und Motilität" zusammenschrieb, sich ein wenig in „Anthroposophie" umsehen sollen. In „Anthroposophie, Eine Einführung in die anthroposophische Weltanschauung, Neun Vorträge zwischen dem 19. Januar und 10. Februar 1924" hätte er – Seite 109 – lesen können:

"Und es ist erst eine Realität, von dem Ich zu sprechen als dem vierten Gliede der menschlichen Natur, wenn man zugleich das zeitliche Dasein zu den vorigen Inkarnationen zurückerweitert. Das alles wirkt im Wärmemenschen. Die Inspiration kommt noch an einen heran von außen oder von innen. In der Wärme steht man selber drinnen. Da ist die Intuition, die wahre Intuition. Ganz anders erlebt man die Wärme als irgend etwas anderes an sich. Jetzt aber, wenn Sie das so betrachten, dann kommen Sie über eines hinaus, was gerade dem Menschen der Gegenwart, wenn er wirklich unbefangen mit seiner Seele zu Werke geht, ein großes Rätsel aufgeben sollte. Ich habe von diesem Rätsel gesprochen. Ich sagte, wir fühlen uns moralisch verbindlich gegenüber gewissen Impulsen, die uns rein geistig gegeben sind. Wir wollen sie ausführen. Wie das in die Knochen, in den Muskel schießt, wozu wir uns moralisch verbunden fühlen, das kann man zunächst nicht einsehen. Wenn man aber weiß, dass man sein Ich aus der vorigen Inkarnation, das schon ganz geistig geworden ist, in sich trägt, dass dieses Ich in die Wärme hereinwirkt, dann hat man den Übergang da in diesem Wärmemenschen. Auf dem Umwege durch das Ich der vorigen Inkarnation wirken die moralischen Impulse, da bekommen sie erst den Übergang vom Moralischen ins Physische. Wenn Sie bloß die gegenwärtige Natur betrachten und den Menschen als einen Ausschnitt der Natur, bekommen sie diesen Übergang nicht."

Mit Hochschätzung
K. B.

Dr. Poppelbaum an K. B. am 7. Januar 1953.

Herr Dr. Poppelbaum antwortete am 7. Januar. Er dankt für meine Briefe vom 17. und 31. Dezember und bittet, ihm die Verspätung der Antwort nicht übel zu nehmen. Er glaube, es sei am besten, wenn er meine beiden Briefe unmittelbar an Herrn Dr. Kienle schicke; er hoffe, dass ich nichts dagegen habe. Die Sprache meiner Briefe, meint Herr Dr. Poppelbaum, sei ja allerdings, ich werde das selber wissen, schwer zu „verkraften". – Dann sagt Herr Dr. Poppelbaum: „Das Problem, das Sie aufwerfen, ist andererseits wichtig genug, um die Sache nicht fallen zu lassen." Herr Dr. P. erinnert dann noch daran, dass wir schon einmal, vor wohl zwanzig Jahren, Briefe über die „physiologischen Grundlagen der Freiheit" gewechselt haben. Zum Schlusse schreibt Herr Dr. P.: Ob Dr. Kienle meinen Einwurf oder den Fehdehandschuh aufnehme, müssten „wir" sehen.

Hinsichtlich dieses Schlusssatzes versagt mein Verständnis. Die Annahme des Herrn Dr. Poppelbaum, dass ich Herrn Dr. Kienle den Fehdehandschuh hinwerfe, bedeutet eine leichte Umkomposition des Tatsächlichen. Es ist mir nicht im Traume eingefallen, Herrn Dr. Kienle zu bekriegen. Meine Sorge ging in ganz anderer Richtung, was unmissverständlich meinen beiden Briefen an Herrn Dr. Poppelbaum zu entnehmen ist. Meine Sorge war, ob nicht verhindert werden müsse, dass die wissenschaftliche Ehre Rudolf Steiners leichtfertig gekränkt wird. Es kann gefragt werden, ob Herr Dr. Poppelbaum weise handelte, als er meine beiden Briefe an Herrn Dr. Kienle schickte. Von mir aus bestand kein Bedürfnis, mich an Herrn Dr. Kienle zu wenden. Hätte ich meine Vorbehalte bei ihm selber vorbringen wollen, so würde ich zweifellos die angemessene Form gewählt haben, die ganz gewiss von derjenigen meiner Zuschriften an Dr. P. verschieden gewesen wäre. Ich hatte die *Autorität* des Herrn Dr. Poppelbaum angesprochen (seine wissenschaftliche Autorität und seine Autorität als Mitglied der Leitung der Freien Hochschule des Goetheanums), damit er Rudolf Steiner vor ganz überflüssigen Blamagen beschütze. Wenn ein Vater den Klassenlehrer seines Sohnes brieflich um autoritäres Eingreifen bei diesem oder jenem Verhalten des Herrn Söhnchens ersucht, wird der Klassenlehrer in der Regel den Vaterbrief nicht dem Sohne im Originaltexte vorlegen. Herr Dr. Poppelbaum wird selbst beurteilen müssen, ob sein gegenteiliges Verhalten klug war.

K. B. an Dr. Poppelbaum am 14. Januar 1953.

Sehr geehrter Herr Dr. Poppelbaum!

Ich sehe vorerst nicht recht, wie und wo ich meine ausgebildeten Vorstellungen über das „Bewegungsrätsel" vorbringen könnte, doch bin ich überzeugt, dass irgendeinmal eine anthroposophisch sachhaltige Diskussion möglich sein muss.

Man könnte sich entschließen, erst einmal aufs tiefste zu erschrecken, wenn R. ST. statuiert:

„Es ist physikalisch gleichgültig, ob ein Holzklotz sich bewegt oder ein Mensch." (Vortrag Nr. 4547)

Dieser Satz bedeutet unter anderem und nebenbei eine Botschaft an den immerhin bemerkenswerten Viktor von Weizsäcker. Herr von Weizsäcker gedenkt die Schrecken des Bewegungsproblems zu mildern, indem er es auf „Biologie" reduziert; er offeriert als Generaleffekt seines Erkenntnisbeitrages (der sich als liebliche Illusion erweist) die berühmte „Einführung des Subjektes in die *Biologie*". Der Schrei nach dem Subjekt ist bedeutsam. Ein derartiger Notschrei muss sich indessen anthroposophisch ausrichten, um nicht ganz hoffnungslos zu sein. Eine Degradierung der „Selbstbewegung" zu einem Problem der „Biologie" ist anthroposophisch nicht zulässig. Der im zitierten R. ST.-Satze beehrte Holzklotz, dessen Motilität mit der menschlichen Bewegungsfähigkeit von gleicher Art ist, ist jedenfalls kein Weizsäckersches „Lebewesen". Man sollte sich durch Weizsäcker eingeladen fühlen, die *anthroposophische* Idee zu bilden: „Einführung des Subjektes in die *Physik*", was dann nur bedeuten würde, dass man Kenntnis nimmt von dem in „Pneumatosophie" S. 203 gegebenen BEGRIFF DES PHYSIKALISCHEN GESCHEHENS (= „Weltgeschehen" = „Intuition"). Der verheerende Dilettantismus der derzeitigen Physik beruht ja darauf, dass man – gemeinsam mit der Geschichtswissenschaft – nicht fähig ist, den „Begriff des Geschehens" zu haben. Anthroposophischerseits sollte man das präsumtive Subjekt des physikalischen „Weltgeschehens" nicht dadurch kompromittieren, dass man mit der Modeformel „Biologisierung der Physik" liebäugelt, – denn nach C. Ungers „Grundlehren", S. 109, ist „der *Tod* die Wirklichkeit des Lebens", und somit wird das in die Physik einzuführende Subjekt gewiss einiges zu tun haben mit dem Tode des Gottes – auf Golgatha und in der Gegenwart. Man kann das Grundgeschehen im Weltgeschehen, das Mysterium von Golgatha und seine gegenwärtige Wiederholung, nicht als „Biologie" befassen; dagegen könnte der Versuch gemacht werden, die „Geheimwissenschaft" als „System der Physik" zu nehmen, wozu Anregungen Dr. Wachsmuths aus den zwanziger Jahren vorliegen.

Ich versuche dem oben zitierten Satze R. STs. entlang weiterzudenken, im Zusammenhang mit den Inhalten der Vorträge von 1921, Nr. 4528, 4530, 4535, 4536, 4539, 4543, 4544, 4547, 4550, 4564, 4567, 4568, 4570, – alle unter dem Titel „Menschenwerden, Weltenseele und Weltengeist", Hefte 1 bis 5.

„Es ist physikalisch gleichgültig, ob ein Holzklotz sich bewegt oder ein Mensch." (Ich lese radikal: „Es ist ... gleichgültig, ob ein Holzklotz sich bewegt oder ein Mensch.") Ein Unterschied besteht nur, sofern beim Menschen, nicht aber beim Holzklotz, die Bewegung von Bewusstseinserlebnissen begleitet ist. Welche Rolle spielen die mit der Bewegung verbundenen Bewusstseinserlebnisse? Sie erfüllen die Aufgabe, dem „Ich" der Menschen davon Kenntnis zu geben, dass der Körper in Bewegung ist. Die geläufige Vorstellung „ich bewege meinen Körper" ist also absolut unmöglich, d.h. sie beruht auf einer Illusion, die mir von einer gütigen Weltleitung gestattet ist, weil ich ohne diese Illusion nicht imstande wäre, mein Dasein zu führen. Es kann keine Rede davon sein, dass Meier und Müller die Aktoren ihrer physischen Bewegung sind. Vielmehr: der bewegte Körper ist der Grund und die Voraussetzung dafür, dass Meier und Müller das Ich-Erlebnis der Bewegung haben.

„Wir erleben ... mit unserem Ich ... die Teilnahme an unseren Bewegungen." (Vortrag Nr. 4544)

Es besteht die Versuchung, eine prinzipielle Differenz zwischen der Motilität des Holzklotzes und des Menschen aus dem Umstande herzuleiten, dass Meier und Müller befähigt sind, sich *willkürlich* zu bewegen. Das Bewusstseinserlebnis des sich willkürlich Bewegens ist für jedermann das allerselbstverständlichste. Dennoch ist die Bewegungsfähigkeit des Holzklotzes und die Motilität des Menschen von grundsätzlich gleicher Art; die Annahme des Gegenteils wäre luziferische Anmaßung. Die erlebte Willkür ist kein physikalisches Agens. Es kann auf Grund der Belehrung Rudolf Steiners nur gesagt werden: Indem die Meier und Müller die Teilnahme ihres Ich an den Bewegungen erleben, kann *auch* das Bewusstseinserlebnis des sich *willkürlich* Bewegens auftreten. Es steht eben zur Aufgabe, dahinter zu kommen, dass es zur Führung unseres Daseins notwendige Illusionen geben muss, damit wir als die Bewohner unseres Körpers, den wir nicht ohne weiteres mit unserem „Ich" zu identifizieren haben, moralische Wesen sein können.

Wie steht es mit der sittlichen Verantwortlichkeit der Menschen, wenn die Meier, Müller und Huber nicht physikalische Selbstbeweger sind, sondern „mit ihrem Ich die Teilnahme an ihren Bewegungen erleben"? Ist ein Mörder Huber lediglich der Zuschauer des Tuns seines Körpers? Soll nicht dem Huber, sondern dem Körper die moralische Verantwortung und Schuld zugemessen werden? Ich versuche weiter unten anzudeuten, in welcher Richtung diese unausweichliche Frage zu bedenken ist.

Zuerst noch ein Blick auf die von Herrn Weizsäcker veranstaltete Szenerie. Ich habe einen hübschen Scherz in petto an die Adresse des „Gestaltkreises": Um der Weizsäckerschule zu demonstrieren, dass es nicht die Mission anthroposophischer Akademiker ist, bei v. Weizsäcker so ein bisschen abzuschreiben und das Abgeschriebene so ein bisschen mit anthroposophischen Redensarten zu verzieren, – um also Weizsäcker verstehbar zu machen, wie das „Bewegungsrätsel" nach anthroposophischen Prinzipien angefasst wird, sollte man als das anthroposophische Untersuchungsobjekt in Sachen Selbstbewegung kennzeichnen und hinstellen:

den *Schlafwandler.*

Also die Anthroposophen studieren die von Weizsäcker urgierte „Einheit von Wahrnehmen und Bewegen" zunächst am – wahrnehmungsfreien – Schlafwandler (vgl. Zyklus 11, Wien 1910). Vom Schlafwandler könnte man dann sogleich übergehen – in der Gehrichtung auf den „Holzklotz" zu – zur Amöbe. Bei ihr ist die Weizsäckersche Zwei-Einheit von Wahrnehmen und Bewegen gar die Drei-Einheit von Ernähren – Bewegen – Wahrnehmen, bei Nichtvorhandensein von Wahrnehmungsorganen. Ferner gibt es Tiere von höherer Differenzierung als die Amöbe, die kein ausgebildetes Nervensystem und dementsprechend keine „Wahrnehmungen" haben, sich aber sinnvoll bewegen. Worauf der Anthroposoph den Schluss zu gewinnen hat: Weizsäcker mit seiner „Einheit von Wahrnehmen und Bewegen" ist nicht fähig, einen Anthropomorphismus zu begründen, der auch die Bewegung der Amöben (und Holzklötze) zu garantieren vermöchte.

Wer ist denn das „Subjekt" in der Bewegung der Amöbe? Es wird wohl das Subjekt des physikalischen „Weltgeschehens" sein müssen! Solange es im Universitätsbereiche unbequem oder mindestens inopportun sein sollte, das gemeinte Subjekt mit seinem Namen zu benennen, kann natürlich akademisch nicht gesagt werden, dass das Subjekt der Motilität der Amöbe der Christus ist, oder meinetwegen der „Makrokosmische Mensch". Es braucht eben Zeit und Geduld, um sich an derlei Vorstellungen zu gewöhnen.

Von der Amöbe her ergibt sich dann der sichere Rückschluss, dass das Subjekt der physikalischen Körperbewegung der Meier, Müller und Huber ebenfalls der Makrokosmische Mensch sein muss, der den Meiern, Müllern und Hubern gestattet, mit ihrem Ich die Teilnahme an SEINEN Bewegungen zu erleben.

Ich bin nicht geneigt, den Elan des Herrn von Weizsäcker geringzuachten. Sein Gedanke, dass Ich und Umwelt nicht „zwei Dinge" sondern EIN DING sein müssen (Gestaltkreis, 4. Aufl. S. 165) ist ein beträchtlicher Gedanke, der sich der anthroposophischen Zustimmung nicht entziehen kann. Dass er unproduktiv bleiben muss, weil die Gestaltkreisphilosophie das Pech hat, im Krautgarten des Kantianismus und Relativismus zu biologisieren, ist eine Sache für sich. – Der Gedanke, dass Ich und Umwelt EIN DING sind, bildet die Grundlage zum Verständnis der anthroposophischen Sinneslehre. C. Unger formulierte: „Durch die Sinne des Menschen nimmt die Welt sich selbst wahr." (Esoterisches, S. 95.) Subjekt der anthroposophisch verstandenen Sinnestätigkeit ist also die Welt, d. h. in theologisierender Ausdrucksweise: „Gott". (Neueste Fleißproduktionen über die zwölf Sinne werden danach zu beurteilen sein, ob sie diesem Gesichtspunkte entsprechen.) So wie die Meier, Müller usw. „Teilnehmer" sind an den Bewegungen ihrer Körper, während das Subjekt und der physikalische Aktor ihrer Körperbewegung in Wahrheit der Gott und Makrokosmische Mensch ist, – ebenso sind sie „Teilnehmer" an der Wahrnehmungstätigkeit des Welt-Subjektes. Sowenig wie die Meier, Müller usw. ihre Wahrnehmungen „machen", ebensowenig „machen" sie ihre Körperbewegungen. Sich selbst bewegend ist einzig das Welt-Subjekt, der Gott, der Makrokosmische Mensch.

Ich frug oben, ob und wie ein Mörder, indem er der „Teilnehmer" an der Bewegung seines Körpers – und also nicht physikalischer Selbstbeweger ist, dennoch die Verantwortung für seine Mordtat trägt. In dieser Frage steckt der beängstigende Ernst des „Bewegungsrätsels". Wer hier mitsprechen will, muss von der anthroposophischen *Gesamtanschauung* des Weltvorganges ausgehen.

„In einem [menschlichen] *Bewegungsvorgang hat man es nicht mit etwas zu tun, dessen Wesenhaftes innerhalb des Organismus liegt ..."* (Von Seelenrätseln, 1. Aufl., S. 244).

Das physisch Wesenhafte im Bewegungsvorgange auch eines Mordes ist – erschreckend genug – das göttliche Weltsubjekt. Anthroposophie schließt nicht aus, dass die gewohnten Vorstellungen eines „christlichen Abendlandes" sich bereichern um den Aspekt, der den gottgewollten und gottgewirkten Weltvorgang als *Tragödie* zeigt. Anthroposophie erteilt andererseits jenen heute kaum verstandenen Inhalten des historischen Christentums ihren *vollen Ernst*, in denen wenigstens geahnt wird, dass die „Schuld" der Menschen, unbeschadet des Karma-Gesetzes, von dem Kosmischen Gotte frei übernommen wird.

Sittliche Schuld – der Meier, Müller usw. – bedeutet anthroposophisch eine Schädigung des Weltganzen. Zwar werden Meier und Müller durch eine sittlich minderwertige Tat selbst weniger wert, als sie vor der Tat waren; jedoch der Sinn von moralisch und amoralisch, von sittlich wertvoll und sittlich unwert, ergibt sich daraus, dass Meier und Müller Glieder im Gesamtweltvorgange sind, dessen Sinn und Ziel durch die anthroposophische Offenbarung gegeben ist.

Wie sind Meier und Müller in die Gesamtwelt eingegliedert? Die „MENSCHENWESENHEIT" der Meier und Müller befindet sich in physischer und geistiger Abhängigkeit (Von Seelenrätseln, IV, 6: „Die physischen und die geistigen Abhängigkeiten der Menschenwesenheit"). Man sollte sich nicht scheuen, die Inkommensurabilität zu bemerken, die zwischen diesem Thema in „Von Seelenrätseln" und all demjenigen, was im Universitätsbereich als Anthropologie, Psychologie und Physiologie auftritt. Für den Begriff der zweiseitig abhängigen „Menschenwesenheit" ist in der Vorstellungswelt der Universität schlechterdings kein Platz. Wollte man „Menschenwesenheit" in die Universitätssprache übersetzen, so würde man bemerken, dass ein entsprechender Ausdruck nicht aufzutreiben ist. Im Universitätsbereich spricht man nicht von der „Menschenwesenheit" der Meier und Müller, sondern man betrachtet den Meier und den Müller kurzerhand als Körper-Individuen; dabei nimmt man an: wie dem Milchtopf ein Henkel eignet, so eigne den körperlichen Meier und Müller eine „Seele", welche „Seele" dann in den schiefen Geleisen der akademischen Denkart auch das Prinzip der körperlichen Motilität sein soll, so etwas wie der Dirigent des als Kraftmaschine vorgestellten Nervenapparates. Von dieser Menschen- und Seelenkunde der Universität sprach Rudolf Steiner „mit blutendem Herzen" als von der „wahnsinnig gewordenen Physiologie der Gegenwart". Die absurden Vorurteile der akademischen Physiologie beeinflussen nachteilig die empirische Beobachtung und durchsetzen die ganze Terminologie der Beschreibung und Theorie. Es wäre kein Vorteil, wenn diese

Kalamität von anthroposophischen Akademikern unterbewertet würde.

Der Begriff der physisch und geistig abhängigen „Menschenwesenheit", der mit der universitären Terminologie nicht einmal zu kennzeichnen ist, kann geradezu als eine Umschreibung des anthroposophisch verstandenen Christusprinzips verstanden werden. Der Ausdruck „Menschenwesenheit" ist vertauschbar mit dem anthroposophisch verstandenen „Ich". Mit ihrem „Ich" erleben die Meier und Müller die Teilnahme am „Weltgeschehen". Ihre „Teilnahme" an den Bewegungen und Wahrnehmungen ihres Körpers bedeutet die *physische* Abhängigkeit ihrer „Menschenwesenheit"; die *geistige* Abhängigkeit ihrer „Menschenwesenheit" bezeugen die Meier und Müller, indem sie ihre Handlungen auszurichten verstehen an dem durch Anthroposophie offenbaren Sinn ihres Daseins. Geisteswissenschaftliche „Anthropologie" beschreibt die zweiseitig abhängige „Menschenwesenheit" nicht als naturalistisch neutrales „Sein", sie zeigt die „Menschenwesenheit" als zugleich natürliche und frei moralische. Indem in der anthroposophischen „Anthropologie" die Erkenntnis der doppelt abhängigen „Menschenwesenheit" aus der Einsicht in den umfassenden Sinn des Gesamtweltvorganges erwächst, wirkt diese Erkenntnis unmittelbar als *Impuls*, im Sinne jenes Welt-Impulses, der dauernd das Gleichgewicht zwischen zwei möglichen Einseitigkeiten intendiert und von der Geisteswissenschaft als „Christus-Impuls" beschrieben wird.

Meier und Müller nehmen am Weltvorgang teil als sich wiederholt verkörpernde Geistwesen (als „Geistesmenschen" im Sinne des Buches „Theosophie"). Die Bewusstseinserlebnisse der Meier und Müller sind nicht „Weltgeschehen" im Sinne von „Pneumatosophie", S. 203. Das Dasein der Meier und Müller in *einer* ihrer Inkarnationen ist nicht *gegenwärtiges* physikalisches „Geschehen", d. h. nicht „Intuition" im Sinne von „Pneumatosophie" S. 203. Der *Sinn* des Daseins der Meier und Müller erfüllt sich nicht in der *Gegenwart* einer einzigen Inkarnation. Der Daseinssinn einer Inkarnation Meiers ergibt sich als ein Schnittpunkt zwischen Vergangenem und Zukünftigem: In dem von Meier erlebten „Ich" ist Vorstellungsmäßiges und Willensmäßiges; in den Vorstellungen Meiers ist eigentlich der Keim der nächst folgenden Inkarnation enthalten, in den Willensakten Meiers ist das real Wirkende das „Ich" seiner vorausliegenden vergangenen Inkarnation (Zyklus 46, 7). Das von Meier und Müller erlebte „Ich" ist keine *gegenwärtige* Realität; im Sinne eines tieferen Verständnisses der Anthroposophie hat es prophetischen Charakter und wirkt als Impuls (Christus-Impuls).

Zum Unterschied von der Situation der Meier und Müller kann man sich die Handlung eines Menschen vorstellen, *deren Welt-Sinn sich in der GEGENWART voll erfüllt.* Das wäre eine Handlungsart, die nichts verursacht, was erst in der Zukunft seinen karmischen Ausgleich zu finden hätte. Eine solche Handlung wäre zugleich ein „Urphänomen" (nach dem strengen Begriffe des Goetheanismus) des „Weltgeschehens". Ein besonderer Mensch als Aktor eines derartigen Handelns würde sich von uns gewöhnlichen Menschen unterscheiden: Wir gewöhnlichen Menschen bilden uns zuerst Vorstellungen über zu vollbringende Handlungen, und dann führen wir das Vorgestellte aus. Jener besondere Mensch dagegen würde an seinem faktischen Tun sein Wollen ablesen; er will, was er schon tut, während wir gewöhnlichen Menschen zuerst etwas „wollen" und es dann „tun". Von diesem besonderen Menschen würde gelten, was im dritten der Vorträge über „Pneumatosophie", S. 203, mitgeteilt ist: Sein Wille wäre „eine äußere Sinneswahrnehmung". Im handelnden Umgang mit anderen Menschen würde dieser Besondere seinen sichtbaren Willen („eine äußere Sinneswahrnehmung") haben in den Objekten seiner Handlung, den andern Menschen. Er würde die Bologna-These bewahrheiten, dass das wirkliche Ich draußen bei den wahrnehmbaren Dingen ist. Dieser besondere Mensch erfährt an seinem Tun die erfüllte *G e g e n w a r t* des physikalischen „Weltgeschehens".

Die Handlung dieses besonderen Menschen würde dem von V. von Weizsäcker verfehlten und kompromittierten Ideal des *Selbstbewegers* entsprechen, denn wer in den Objekten seines Handelns – kraft schöpferischer Selbsthingabe – s-ICH hat, ist wahrhaft ein sich bewegendes *Selbst*. Indem sich der Welt-Sinn dieser Handlung eines Besonderen als reine Gegenwart erfüllt, findet der Gesichtspunkt der *Zeit* auf seine Handlung und Bewegung keine Anwendung. Die Bewegung und Handlung ist, um einen theologischen Ausdruck zu gebrauchen, „übergeschichtlich" oder „endgeschichtlich". Einer werten Physik wird somit zugemutet, die Möglichkeit einer „ewigen Bewegung" in Betracht zu ziehen.

Dr. G. Wachsmuth hat 1924 die obige Handlung eines besonderen Menschen ins Auge gefasst, indem er zu ihrer Charakteristik – unter dem Gesichtspunkte des „Systems der Physik" – schrieb: „Die sinnlich wahrnehmbare ewig bewegte Welt ist also eine Manifestation der im Tun begriffenen Ideenwelt, der wesenhaften Geistwelt" (in „Die

Ätherischen Bildekräfte in Kosmos, Erde und Mensch", 1. Kap., „Grundlagen einer neuen Bewegungslehre", S. 29).

Ich beschließe diese kurzen Überlegungen zum anthroposophisch zu ergreifenden „Bewegungsrätsel" mit der Frage: Sind die sogenannten Menschen, die Meier, Müller, Huber usw., Selbstbeweger? Oder ist einzig die „wesenhafte Geistwelt" Selbstbeweger?

Aus meiner Sorge um das anthroposophisch zu behandelnde „Bewegungsrätsel" richtete ich – am 21. November 1952 – an die Goetheanum-Hochschule als Herausgeberin des Anthroposophisch-Medizinischen Jahrbuches, Bd. III, das folgende Schreiben:

An die Herausgeberin des Anthroposophisch-Medizinischen Jahrbuches, Bd. III.

Ich finde mich stark überrascht von der auf Seite 245 auftretenden Behauptung, „die passiv sympathisierende Übernahme des von R. Steiner Dargestellten" (in bezug auf die menschliche Selbstbewegung) könne die Einsicht in das Bewegungsrätsel „nicht wesentlich fördern". Förderlich sei vielmehr dasjenige, was der betreffende Verfasser als seine eigene Ansicht von der Sache vorlegt. – Da nun das „von R. Steiner Dargestellte" – in bezug auf die menschliche Selbstbewegung – im absoluten Widerspruch steht zu der Ansicht, die von H. Witzenmann über die menschliche Selbstbewegung angeboten wird, so ist es ein immerhin überraschendes Verfahren, wenn H. Witzenmann mit der Widerspruchssituation in der Weise fertig wird, dass er das „von R. Steiner Dargestellte" ins Unrecht und seine eigene Ansicht ins Recht versetzt.

Unter dem „von R. Steiner Dargestellten" findet sich folgende Belehrung der Hörer (Vortrag Nr. 4547):

„Sie wissen ... nichts davon, was da vorgeht, wenn Sie Ihren Arm bewegen: das ist Willensentwicklung. Es ist ein Vorgang, der ebenso außer Ihnen liegt, wie irgendein anderer äußerer Vorgang, – trotzdem ist er mit Ihnen innig verbunden. Aber er liegt außer Ihrem Seelenleben."

Dieses „von R. Steiner Dargestellte" wird von H. Witzenmann in der folgenden Weise ins Unrecht versetzt resp. korrigiert: „Im Falle der menschlichen bewussten Eigenbewegung liegt die Quelle der Bewegung [also die obige „Willensentwicklung"] nicht außerhalb, sondern innerhalb des sich bewegenden Wesens. Sie entspringt seinen bewussten Absichten, also seinem Denken." – Ich möchte der Ansicht Ausdruck geben, dass der Verzicht auf den gebotenen schlichten Respekt vor dem „von R. Steiner Dargestellten" unzweckmäßig ist. – Es gibt ein weithin leuchtendes Vorbild für die gute Haltung im Umgang mit „von R. Steiner Dargestelltem": der werte Adolf Arenson sagte zu dem von R. Steiner in Zyklus 1 über das Erdinnere Dargestellten: „Wir haben es nicht verstanden." Arenson empfand diese Haltung weder als ihn selbst noch die theosophische Bewegung kompromittierend; dagegen erwies sie sich als höchst produktiv. In einem analogen Sinne würde der Verfasser des Aufsatzes „Erkenntniswissenschaftliche Bemerkungen zum Bewegungsproblem" weder sich selbst noch die von ihm vertretene anthroposophische Sache kompromittiert haben, wenn er das „wir haben es zunächst nicht verstanden" auf den *gravierenden Ernst* des von R. Steiner über die nichtexistenten motorischen Nerven Dargestellten angewendet hätte.

Das *physiologische* Bewegungsrätsel sollte sich beleuchten lassen von der Frage: Besteht die anthroposophische Weltbewegung aus einer Summe von Selbstbewegern, oder sind wir von Rudolf Steiner Bewegte? – Und sollte sich anregen lassen von der weiteren Frage: Von welcher Art ist die Kongruenz zwischen dem Anfang der ewigen physikalischen Weltbewegung und dem Anfang der Anthroposophischen Weltbewegung?

Ihre Erinnerung, lieber Herr Dr. Poppelbaum, dass wir vor reichlich zwanzig Jahren im lieben Hamburg Briefe über „physiologische Grundlagen der Freiheit" gewechselt haben, hat mich veranlasst, den Artikel von Johannes B. zum Thema nachzulesen, in Nr. 3/4 meiner damaligen Hamburger „Rudolf Steiner-Blätter". Ich fand ihn erstaunlich richtig. Von B. habe ich nie wieder gehört. – Maria Stiefelhagen starb in Hamburg am 23. Februar 1945 und wurde am 27. Februar auf dem Ohlsdorfer Friedhof beerdigt. – Unser gemeinsamer anthroposophischer Hamburger Freund, Dr. med. J., der mir seinerzeit Ihre Grüße aus New York übermittelte, und seine Frau waren im vergangenen August hier zu Besuch.

Mit freundlichen Grüßen
K. B.

Dr. Gerhard Kienle an K. B. am 20. Februar 1953.

Herr Dr. Kienle reagierte am 20. Februar auf die beiden Briefe, die ihm sechs Wochen zuvor von Herrn Dr. Poppelbaum zugeschickt worden waren, ungemütlich. Sein Brief enthält keinerlei Bezugnahme auf wissenschaftliche Sachfragen und widmet sich ausschließlich dem Problem einer moralischen Diagnose und Therapie meiner Person. Ich hätte Herrn Dr. Kienle aus Courtoisie ein Honorar für die besorgte psychophysiologische Betreuung meiner Seele senden können (ein Schweizer Fünffranken-Nötli mit angehefteter Visitenkarte); dies hatte jedoch deswegen nicht zu geschehen, weil ich mir bei den pendenten Sachfragen persönlich stark uninteressant bin.

K. B. an Dr. Kienle am 22. Februar 1953, Durchschlag an Dr. Poppelbaum.

Sehr geehrter Herr Dr. Kienle!

Sie engagieren sich in ganz verkehrter Richtung. In meinen Briefen an Dr. P. (17. und 31. Dezember 1952) war exklusiv von Rudolf Steiner die Rede und von Ihnen nur sehr nebenbei, nur insoweit, als Ihre Verlautbarung über die motorischen Nerven eine Verhöhnung des wissenschaftlichen Ernstes Rudolf Steiners darstellt.

Wenn Sie sich in der Angelegenheit (nachdem Ihnen nicht durch meine, sondern durch die Initiative Dr. Poppelbaums meine Intervention bekannt ist) sinnvoll engagieren wollen, so empfehle ich Ihnen, sich bei Herrn Dr. Poppelbaum zu erkundigen, was von mir etwa in der Frage „Bewegungsrätsel" vertreten wird.

Lebenserfahrung erlaubt mir, eine gewisse Tonlage Ihres Briefes vom 20. Februar überhört zu haben. – Es gibt ein sicheres Mittel zur Beförderung der Verträglichkeit unter Anthroposophen: die Erkenntnis unserer gemeinsamen Nullität vor Rudolf Steiner.

Hochachtungsvoll
K. B.

K. B. an Dr. Kienle am 23. Februar 1953, Durchschlag an Dr. Poppelbaum.

Sehr geehrter Herr Dr. Kienle!

Zur vorläufigen Präzisierung meiner Annahme, dass Ihre Verlautbarung über die motorischen Nerven den Wissenschaftsernst Rudolf Steiners verhöhnt, das Folgende:

Sie sagen, es obliege den motorischen Nerven, die Organe zu finden, damit der Wille weiß, wo er eingreifen kann. Dieser Gedanke ist ein Blödsinn. Und nun behaupten Sie, Rudolf Steiner habe als erster diesen Blödsinn ausgesprochen.

Wenn Ihnen der Ausdruck „Blödsinn" nicht passt, so kann ich nur bedauern, dass ich einen treffenderen Ausdruck nicht zur Verfügung habe.

Hochachtungsvoll
K. B.

K. B. an Dr. Kienle am 24. Februar 1953, Durchschlag an
Dr. Poppelbaum.

Sehr geehrter Herr Dr. Kienle!

R. ST. lehrt: es gibt keine motorischen Nerven. – Die Arbeit
Kienles unte rnimmt es, diese Lehre Rudolf Steiners zu widerlegen. Da Kienle Anthroposoph ist, kann seine Widerlegung nicht die Form einer offenen Polemik gegen Rudolf
Steiner haben. Kienles *Widerlegung* der Lehre Rudolf Steiners befolgt die Methode, sich einem Publikum von unkritischen anthroposophischen Akademikern als Anthroposophieverständnis zu empfehlen.

Da nicht anzunehmen ist, dass Dr. Kienle bewusst schwindelt, d. h. vortäuscht, er betreibe „anthroposophische" Physiologie, während er es auf die Widerlegung Rudolf Steiners
abgesehen hat, dürfte die Erklärung für seine Arbeit darin
gesehen werden, dass Dr. Kienle irrtümlich glaubt, mit bloßer Verbaldialektik sich und seinen anthroposophischen
Lesern beweisen zu können, er versöhne die akademische
Physiologie mit der Lehre Rudolf Steiners, dass es nur einerlei Nerven gibt, nämlich Wahrnehmungsnerven.

Während der Anthroposoph Kienle diese (illusorische) Versöhneraufgabe ergreift, ist es das seine Arbeit im Ganzen
charakterisierende Bestreben *als Akademiker,* die akademische Physiologie zur „Anerkennung der sensiblen Natur
der motorischen Nerven" zu veranlassen (S. 59).

Herr Dr. Kienle und andere Autoren werden abwarten müssen, bis ihnen vom Studium der *Anthroposophie* her die

Frage, *warum* es keine motorischen Nerven gibt, zur brennenden Frage wird.

Hochachtungsvoll
K. B.

K. B. an Dr. Kienle am 25. Februar 1953, Durchschlag an Dr. Poppelbaum.

Sehr geehrter Herr Dr. Kienle!

Es gibt keine motorischen Nerven!

Ein Unterschied zwischen der akademischen Auffassung und der Anschauung Rudolf Steiners über die Rolle des Nervensystems bei der Eigenbewegung des Menschen besteht in dem Folgenden:

Die akademische Physiologie nimmt an, dass eine Bewegung *erst dann* erfolge, wenn vom Gehirn aus ein Reiz zum Muskel geht. R. ST. kennzeichnet diese Annahme nicht nur als falsch, sondern er spricht ihretwegen von der „wahnsinnig gewordenen Physiologie der Gegenwart" (am 23. Januar 1914, Zyklus 33, 4, 14).

Hinter der falschen akademischen Anschauung steckt die von den Griechen an das Abendland vererbte irrtümliche Meinung, das Ich (der Wille) sei so etwas wie die Entelechie des Menschenkörpers bei beliebigen Einzelmenschen. Dieser verhängnisvolle Erbirrtum konnte bisher von der anthroposophischen Bewegung noch nicht ausgerottet werden. – Als Rudolf Steiner in Bologna 1911 die erkenntnistheoretische Stellung seiner Theosophie erklärte, zeigte er, dass das Ich, sehr im Gegensatze zur landläufigen akademischen Vorstellung, bei den wahrgenommenen äußeren Dingen der Welt ist und von außen her als Wille wirkt. Zum Exempel: Wenn Rudolf Steiner 6000 Vorträge hielt, so war in jedem einzelnen Vortrage sein Ich draußen bei den Zuhörern, und kam als der Wille, der in den Sprechbewegungen wirkte, von außen her auf ihn zu.

Das Willensleben (R. Steiners) hat sein materielles Korrelat, im Gegensatze zum *Vorstellungsleben*, nicht im Gehirn. In der Fragenbeantwortung des letzten Vortrages über „Proben über die Beziehungen der Geisteswissenschaft zu den einzelnen Fachwissenschaften" in Stuttgart am 15. Januar 1921 sagte R. ST.:

„... man kommt dazu, zu sehen, wie der Wille durchaus nicht verstanden werden kann, wenn man ihn in demselben Verhältnis zur Materialität nimmt, wie man z. B. die Vorstellungen im Verhältnis zur Materialität nimmt. Man lernt in der Betrachtung des Willens dann etwas kennen, was im wesentlichen geistig angeschaut werden muss. Während das Vorstellungsleben wirklich im materiellen Zusammenhang ganz darinnen steht, während für die Vorstellungsstrukturen durchaus parallelgehend die Gehirnstrukturen aufgewiesen werden können, kann man das für das Willensleben nicht in derselben Weise. Man muss allerdings, wenn man die materiellen Korrelate finden will, Stoffwechselvorgänge suchen, aber man wird zu ganz anderen Erkenntnissen geführt, die dann hinaufleiten zu geistiger Anschauung."

Man sollte einsehen, dass die motorischen Nerven von Leuten erfunden worden sind, die den Willen im gleichen Verhältnis zur Materialität dachten wie das Vorstellungsleben. Du Bois-Reymond z. B. sagt klassisch in dem Vortrage 1851 „Über tierische Bewegung", darin er die Theorie der Empfindungsfäden und Bewegungsfäden entfaltet: „Der Sitz des Willens ist einzig das Gehirn." Von dieser Vorstellung her können dann die motorischen Nerven als den Willen repräsentierend angesehen werden.

In der Arbeit Kienles treten die klassischen motorischen Nerven in leichter Maskierung auf. Es macht einen geringen Unterschied, ob die motorischen Nerven die Körperbewegung *auslösen*, oder ob sie in der Weise als Vertreter des Willens auftreten, dass sie für den Willen die Stellen im Körper finden, an denen der Wille eingreifen kann. Auch nach dieser Ansicht Kienles erfolgt die Bewegung *erst dann*, wenn die Stelle gefunden ist, wo der Ich-Geist eingreifen kann.

Die akademische Physiologie ist im Rechte, wenn sie den Menschen vorzüglich als *Gehirnwesen* betrachtet. Die Theosophie Rudolf Steiners betrachtet den Menschen außerdem als *Geist-Wesen*. Die Theosophie setzt an die Stelle der Dichotomie (Körper und Entelechie des Körpers) die Einsicht, dass Körpermensch und SEELE das gleiche sind, nur von zwei Seiten betrachtet. Die Seele der Meier und Müller gibt es insofern, als der göttliche K Ö R P E R sich ihnen als SEELE, d. h. in diesem Falle: als das in drei Hüllen gegliederte Wohnhaus, zur Verfügung stellt, damit sie in dem göttlichen Wohnhaus Ich-Erlebnisse haben können. Mit ihren Ich-Erlebnissen sind die Meier und Müller nach zwei Seiten hin abhängig; sie sind abhängig vom physischen

Leibe, der ihnen die Sinneswahrnehmungen produziert, und sie sind abhängig vom Geiste, aus dem sie den Sinn ihres Daseins erfahren können. – An die Stelle der akademischen Dichotomie tritt die theosophische Trichotomie des Menschen.

Dass es keine motorischen Nerven gibt, diese Lehre kann erst in dem Momente zum Thema des anthroposophischen Akademikers werden, wenn man schon angefangen hat, die Bologna-These, dass das Ich in Wahrheit außen bei den wahrgenommenen Dingen ist, *ernst zu nehmen*.

Hochachtungsvoll
K. B.

K. B. an Dr. Kienle am 26. Februar 1953, Durchschlag an Dr. Poppelbaum.

Sehr geehrter Herr Dr. Kienle!

Was ist eigentlich Wille?

„(Näh. wird noch spät. geschildert)" lautet die Fußnote (44) auf Seite 14 Ihrer Arbeit, und mit dem später noch zu Schildernden meinen Sie den auf S. 14 angetönten Gedanken, dass *„der Wille den physischen Organismus übergreift"*.

Die akademische klassische Physiologie und insbesondere die Hypothese der zweierlei Nervenarten ist nicht im luftleeren Raum entstanden; es ist daher nützlich, sich die Geistesverfassung der Epoche ein wenig anzusehen, in der die motorischen Nerven erfunden wurden. – Zur gleichen Zeit, in der Mitte des 19. Jahrhunderts, als Du Bois-Reymond in klassisch großer Form sagte: „Der Sitz des Willens ist einzig das Gehirn" (dieser Satz ist schlechterdings die Voraussetzung und Bedingung für die Möglichkeit des Gedankens motorischer Nerven), fing *Schopenhauer* an, in Deutschland wirksam zu werden, mit seiner den Geistorganismus Du Bois-Reymonds „übergreifenden" Willenslehre. (Apropos: ich denke, dass uns Schopenhauer aus dem Grunde nahe stehen kann, weil sein Tod [21. September 1860] die Tendenz zeigt, mit der Geburt von R. ST. zu koinzidieren, wobei sich angesichts dieser Tendenz des Todes Schopenhauers die ahnende Empfindung entzünden kann: der Welt-Wille scheine EINER zu sein.)

Warum befindet sich Schopenhauer mit seiner grandiosen Willenslehre dennoch auf dem Holzweg? Einzig darum, weil er dem landläufigen Vorurteil huldigte, es sei schon bekannt, *was der Mensch ist*, und man habe nicht erst noch darauf zu warten, bis in einem philosophisch nicht auszudenkenden URPHÄNOMEN der wirkliche Mensch sich selbst, und damit die WELT, ent-deckt. – Schopenhauer wird bedeutsam, wenn man seinen Begriff des Willens unter dem Gesichtspunkte eines *„Als ob"* betrachtet, nämlich wenn man sich so stellt, *als ob* der Schopenhauersche „Wille" sich decke mit dem anthroposophischen Begriffe *Geist* oder mit dem Begriffe des groß geschriebenen ICH. Natürlich erweist sich dieses Als-ob-Experiment sogleich als undurchführbar, denn für Schopenhauer ist zwar der Wille der Grund aller Weltvorgänge, aber er enthält als ewiger dunkler Drang keine Vernunft, denn die Vernunft entsteht erst im menschlichen Gehirn, das – paradoxerweise – vom dunklen Willensdrang geschaffen wird. (Die Rätsel der

Philosophie, Bd. I, S. 187.) Die innige Verwandtschaft der Spekulation Schopenhauers mit den Gottesspekulationen Fichtes und Schellings wird von R. ST. in der Einleitung zur Cotta-Ausgabe der Werke Schopenhauers und in „Die Rätsel der Philosophie" eingehend dargestellt. Für *Fichte*, dessen Hörer der Student Schopenhauer in Berlin war, ist alles Sein zuletzt in einem *Universalwillen* begründet. Das Willenserlebnis verschafft dem Menschen die Überzeugung, dass es eine von seinem Individuum unabhängige Welt gibt. Der Wille ist nicht Wissen des Individuums, sondern eine Form des wirklichen Seins. *Schellings* Überzeugung ist es: „Es gibt in der letzten und höchsten Instanz gar kein anderes Sein als Wollen. *Wollen ist Ursein.*" „Dass Wollen Ursein ist, wird auch zu Schopenhauers Ansicht. Wenn das Wissen ausgelöscht wird, bleibt der Wille übrig. Das Wissen hat seinen Ursprung in meinem Gehirn, sagt sich Schopenhauer. Dieses muss aber hervorgebracht sein durch eine tätige, schöpferische Kraft. Der Mensch kennt eine solche schöpferische Kraft in seinem eigenen Wollen. Schopenhauer sucht nun nachzuweisen, dass auch das, was in den übrigen Dingen wirksam ist, *Wille* ist. Der Wille liegt somit als 'Ding an sich' der bloß vorgestellten Wirklichkeit zugrunde. Und von diesem 'Ding an sich' können wir wissen. Es liegt nicht, wie das Kantische, jenseits unseres Vorstellens, wir erleben sein Wirken innerhalb unseres eigenen Organismus." (R. ST.)

Bedeutsam ist Schopenhauers Versuch, dem Primat des Willens, der im Selbstbewusstsein erlebt wird, einen *physiologischen* Unterbau zu geben. Der Versuch gipfelt in dem Ergebnis, dass das Phänomen des *Schlafes*, während dessen mit dem Gehirn auch das Erkennen oder der Intellekt ganz pausiere, den schlagendsten Beweis dafür liefere, dass

Bewusstsein, Denken, Erkennen, also der ganze Intellekt nichts Ursprüngliches in uns sei, sondern ein abgeleiteter und sekundärer Zustand, während dagegen im Schlafe, als der bloßen Fortwirkung des vegetativen Lebens, der Wille allein nach seiner ursprünglichen und wesentlichen Natur, ungestört von außen, fortwirke. – Das sind ahnungsreiche Motive, die in der Mitte des 19. Jahrhunderts darauf angelegt zu sein scheinen, von der kommenden Geisteswissenschaft gerechtfertigt zu werden.

In der Mitte des 20. Jahrhunderts sind die großen Gesichtspunkte, die Schopenhauer auszeichnen, nicht vorhanden. Der Wille zu einer wissenschaftlichen Gesamtweltanschauung wird als Utopie bespöttelt. Geforderte „Grundlagenbesinnungen" oder das „Gespräch zwischen den Fakultäten", weil die Unfähigkeit der Universität zur Einheitsstiftung offenkundig ist, könnten heute nur dann redliche Forderungen sein, wenn man das Unvermeidliche wollte: sich dem Lichte der Geisteswissenschaft aussetzen. Um aus der Geisteswissenschaft das Vertrauen zu schöpfen, dass die moderne „Wissenschaft" mit all ihren Sackgassen und toten Geleisen dennoch planlos-planvoll auf eine sinnvolle Einheit zusteuert. Die Universität, die bisher von der Tatsache Anthroposophie keine Notiz nahm, wird vielleicht doch aufhorchen, wenn einmal die Zeit gekommen sein sollte, etwa der erregenden Quantentheorie zu einem ganz unerwarteten Selbstverständnis zu verhelfen.

Was im akademischen Sinne als Wissenschaft getrieben wird, seit Jahrhunderten, beruht insgesamt auf der Unterstellung, die Welt und der Mensch seien nicht *Eine*, sondern zwei Wesenheiten, und auf der Konsequenz dieser Unterstellung: der körperliche Einzelmensch, der Welt *gegenüber* stehend, empfange Einwirkungen der Welt und sei als ein auf diese Einwirkungen *Reagierender* zu betrachten. Die gesamte Physiologie ist aufgebaut auf der Grundvorstellung, man habe die *Reaktionen* des (so genannten) Menschen auf die Aktionen der Welt zu erforschen. Schon die menschlichen Sinneswahrnehmungen werden als Reaktionen des menschlichen Organismus auf die Aktionen einer dem Wesen nach unbekannten Weltmaterie angesehen.

Zu dieser akademischen Position gibt es die absolut unversöhnliche anthroposophische Kontraposition. Sie weiß die Sinneswahrnehmung, da Welt und Mensch Ein Wesen sind, als Selbstverhältnis der Welt. C. Unger definiert die Sinnenwirkung als das Aufsichselbstrichten des Nicht-Ich, wobei „Nicht-Ich" bei Unger der Name für Gott ist. Insbesondere aber versteht Anthroposophie den – groß geschriebenen – MENSCHEN nicht als Reagens, sondern als Agens und Aktor, zuletzt als denjenigen, der das Bewusstsein der Schöpfung seiner selbst ex nihilo erlangen kann (Zyklus A, 8).

Es wäre für anthroposophische Akademiker schon längst an der Zeit gewesen, dahinter zu kommen, dass sie der notleidenden Universität einen soliden *„Begriff des Geschehens"* anzubieten haben. Die Differenziertheit (lies: das Chaos) der Universitätsforschung in ihren verschiedenen Zweigen hat den letzten Grund im Nichtvorhandensein eines tragfähigen Geschehensbegriffes. Man ist unfähig, sich ein Geschehen vorzustellen, das zugleich physikalisches Weltgeschehen und menschlich individuelles Bewusstseinsereignis wäre. Und was schlimmer ist: man ist weit davon entfernt, einen einheitlichen Begriff des Geschehens zu *fordern*, man ist von der Sinnlosigkeit und Unmöglichkeit solcher Forderungen überzeugt; man hält die auseinanderstrebende

Vielgleisigkeit des Verstehens von „Geschehen" für selbstverständlich. Man spricht heute bestenfalls mit seichtem Optimismus von einer Annäherung von Physik und Psychologie, und man ist trivial genug, sich das Verhältnis von Physik und Psychologie nach der eitlen Analogie der atomphysikalischen „Komplementarität" vorzustellen, was dann etwa heißt: So (um einen bildlichen Vergleich zu benützen) wie eine rote Kugel im Sinne des Gedankens der „Komplementarität" nicht zugleich rund und rot sein kann, sondern nur *entweder* rund *oder* rot; ebenso ist ein natürliches Geschehen, z. B. eine Lichterscheinung, *entweder* physikalisch (à la Planck) *oder* psychologisch (à la Jung), mit der vagen Traumperspektive, dass es irgendwie und irgendwo die Einheit des Komplementären geben zu müssen scheint.

(Der Physiker Prof. Markus Fierz [Universität Basel] schreibt 1948: „Die Welt scheint somit zwei Aspekte zu haben, die wir hier, gewiss vereinfachend, den psychologischen und den physikalischen nennen wollen. An sich ist diese Vorstellung nicht neu und sie erscheint uns überzeugender als diejenige, die die Welt in zwei getrennte Reiche aufteilt: in Geist und Materie. Das Verhältnis jener beiden Aspekte zueinander muss vorerst allerdings dunkel bleiben. Hier kann aber eine physikalische Analogie einen Hinweis geben, in welcher Art die beiden Aspekte aufeinander bezogen sind. Es ist verführerisch, Physik und Psychologie als im Sinne der Quantentheorie komplementäre Betrachtungsweisen aufzufassen." Zur physikalischen Erkenntnis; Eranos-Jahrbuch 1948, S. 455.)

Selbst wenn C. G. Jung mit wissenschaftlichem Ernst den Gedanken der „Identität von PSYCHE und physikalischem Kontinuum" erwägt, so bleibt dies eine liebliche Illusion, denn Prof. Jung ist ein strammer Anhänger jener universitären materialistischen Wahrnehmungslehre, die unter Sinneswahrnehmen nicht eine *Actio* der (Welt-) *Seele*, sondern eine im physischen Organismus von Unbekannt verursachte Wirkung versteht. (Der Geist der Psychologie; Eranos-Jahrbuch 1946, S. 484.)

Die Tatsache Anthroposophie enthält die Kritik: „Die abendländische Wissenschaft hat einen tragfähigen Begriff des Geschehens nicht hervorzubringen vermocht." Wir haben an der Universität ein reiches Assortiment von Geschehensbegriffen, sie machen zusammen das Chaos der Universität aus. Besonderes Ansehen genießt zurzeit der quantenphysikalische Geschehensbegriff, der an die Stelle eines reellen Objektes ein „geheimnisvolles" Entweder-Oder offeriert. Ich führe einige andere Beispiele aus der Musterkarte universitärer Geschehensbegriffe an: „Die Menschen machen Geschichte und verstehen Geschichte, weil sie prinzipiell nur das verstehen, was sie selbst gemacht haben." Oder: „Das Beuteltier entwickelt sich zum Affen und dieser zum Menschen", – auch ein Geschehensbegriff. Oder: „Ich sehe Rotes, weil physikalische Ursachen in meinem Organismus Wirkungen erzeugen", auch einer. Oder: „Ich lege mich ins Bett", auch ein Geschehensbegriff, indessen nach der Einsicht der Physik ein evidenter Nonsens, da es, laut Trägheitsgesetz, keinen Körper geben kann, der sich aus eigener Vollmacht selbst verändert. – Oder der folgende Geschehensbegriff: „Der Selbstbeweger Herr von Weizsäcker, der das Subjekt in die Biologie eingeführt hat, lässt den ihm auf der Straße begegnenden Professorenkollegen X erscheinen" (Gestaltkreis, 4. Aufl., S. 20). Oder ein weiterer Geschehensbegriff: „Der Priester am Altar nötigt den Christus, aus Brot und Wein der zu werden, der er schon ist", das ist ein sehr bemerkenswerter Geschehensbegriff, sofern er *werden* lässt, was schon *ist*, und sofern Anthroposophie unter Werden oder „Geschichte" den Gedanken versteht: dass zuerst die Sache ist und dann das Werden oder die Entwicklung der Sache.

Und nun der anthroposophische Begriff des Geschehens! Für Rudolf Steiner heißt Geschehen, nämlich Welt-Geschehen: *INTUITION*. Es ist Vorsorge getroffen, dass die anthroposophische „Intuition" mit den Verschwommenheiten des Bergsonismus nicht in Beziehung gebracht zu werden braucht. Eine Beschreibung der Intuition gibt R. ST. im dritten der Vorträge über „Pneumatosophie" am 15. Dezember 1911:

„Denken Sie einmal, was Sie für Anstrengungen machen müssten, wenn Sie, statt dass Sie eine Hand bewegen, einen Apparat konstruieren müssten, welcher, indem Sie ihn von außen durch Federn z. B. bewegen, denselben Effekt hervorbringen würde, als wenn Sie die Kreide aufheben. Denken Sie, Sie müssten alles, was geschieht, ausdenken und durch ein Instrument in Realität umsetzen können. Das kann man nicht ausdenken, es gibt einen solchen Apparat nicht, durch den man das in ähnlicher Weise bewirken könnte. Und dennoch ist er da, der Apparat. Da geschieht etwas in der Welt, was gewiss nicht in unserem [ich lese: in Eurem, der Zuhörer] *Bewusstsein ist. Denn wenn es im Bewusstsein des Alltags wäre, würden wir den Apparat leicht herstellen können. Also, es verfließt da etwas, was im Grunde genommen zu*

uns gehört, was aber dem Menschen zunächst ganz unbekannt ist.

Wir müssen uns fragen: was müsste denn geschehen, wenn so etwas, wie es da verläuft, wie es da in der Handbewegung oder in irgendeiner anderen, dem Willen folgenden Körperbewegung verläuft, in unser Bewusstsein dringen sollte? Was müsste da geschehen? Dann müsste auch eine solche Realität, die außer uns ist, nicht Halt machen vor unserem Bewusstsein, sondern müsste heraufkommen können in das Bewusstsein. Wir müssten eben einen solchen Verlauf, wie er an der eigenen Leiblichkeit sich vollzieht, und wie er nicht heraufdringt in das Bewusstsein, so vor uns haben, dass er ebenso äußerlich ist und doch mit dem Bewusstsein so verbunden ist, dass wir von ihm wüssten. Etwas, was wir in der Seele erleben würden, müssten wir haben, und es müsste doch etwas sein, was dennoch in dieser Seele wie ein äußeres Erleben wäre. Also dann müsste ein so Kunstvolles wie das Aufheben der Kreide sich ebenso kunstvoll und ebenso in äußeren festen Gesetzen gegründet im Bewusstsein abspielen. In das Bewusstsein müsste etwas hereinfallen, was in gesetzmäßiger Weise innerhalb des Bewusstseins so wirkte, dass wir denken würden nicht so, wie wir bei Willenshandlungen denken, sondern so denken müssten, dass wir uns nicht sagten: da ist auf der einen Seite in unserem Seelenleben: 'Ich will die Kreide aufheben', und dann streng davon geschieden etwas, wovon ich gar nicht weiß [ich lese: wovon Ihr gar nicht wisst], dass es eine äußere Wahrnehmung ist; sondern diese beiden Vorgänge müssten zusammenfallen, müssten Einunddasselbe sein: dieses äußere Geschehen müsste in das seelische Bewusstsein herein fallen. Alle Einzelheiten der Handbewegung müssten innerhalb des Bewusstseins sich vollziehen. Dies ist aber der Vorgang, der sich vollzieht bei der I n t u i t i o n . So dass wir sagen können: Wenn wir mit unserem eigenen Bewusstsein etwas erfassen können, was innerhalb dieses Bewusstseins voll sich auslebt, nicht als bloßes Wissen, sondern als Geschehen, als Weltgeschehen, dann haben wir es zu tun mit der Intuition. Und zwar mit jener Intuition im höheren Sinne, wie sie auch gemeint ist in meiner Schrift: 'Wie erlangt man Erkenntnisse der höheren Welten?'"

Ich denke nun, dass der anthroposophische Akademiker, der sich mit der Physiologie der menschlichen Bewegung befasst, seinen Überlegungen diesen von Rudolf Steiner beschriebenen Begriff des Weltgeschehens zugrunde legen wird. Er wird dann sogleich zu einem äußerst interessanten Vergleiche fortschreiten können: er wird sich sagen: Was sich Wissenschaft nennt, verfolgte bisher das Ideal, das Geschehen *durch Wissen zu erklären*; und nun ergibt sich aus dem anthroposophischen Begriff der Intuition, dass eine Welterklärung im eigentlichen und tiefsten Sinne nur darin bestehen kann, *dass Einer das SICH wissende Weltgeschehen selbst i s t* . Das bedeutet eine ebenso unerwartete wie unerhörte Erweiterung des bisherigen Begriffes von Wissenschaft. Und die Folge ist, dass zunächst die Kommensurabilität zwischen akademischer und anthroposophischer „Physiologie" aufgehoben ist, und dass somit die Absicht einer verbaldialektischen Versöhnung von akademischen und anthroposophischen physiologischen Anschauungen nur einem derben Missverständnis entspringen könnte.

Besonders schwerwiegend ist an der obigen pneumatosophischen Beschreibung der Intuition als Weltgeschehen die Bestimmung des Begriffes des *Willens*. Richte ich an die zitierten Sätze die Frage: „Was ist Wille?", so erhalte ich die klare Antwort: *Wille ist eine äußere Sinneswahrnehmung;* der

Wille in der Absicht: „ich will die Kreide aufheben" und die äußere Wahrnehmung des Aufhebens der Kreide sind: EINUNDDASSELBE! Es wird wohl noch einige Zeit dauern müssen, bis sich anthroposophische Akademiker entschließen werden, den G O E T H E A N I S M U S dieser Definition des Willens zu bemerken.

(Zwischenbemerkung: Es bedarf der Erklärung, weshalb R. ST. den in „Pneumatosophie" klar als *äußere* Wahrnehmung definierten Willen in dem Buche „Von Seelenrätseln" als *„innere"* Wahrnehmung bezeichnet. Diese Erklärung ist nicht schwierig, sie ergibt sich, wenn ich zu berücksichtigen weiß, dass das ganze Buch „Von Seelenrätseln" eine Art Totenamt für Franz Brentano ist. Der Zentralbegriff der Philosophie Brentanos ist die „innere Wahrnehmung", d. i. die Behauptung Brentanos, die Seele nehme in ihren intentionalen Akten zugleich sich selbst wahr. Diese Lehre Brentanos bedeutet, da es nicht angebracht ist, von Lüge zu sprechen, eine grauenhafte Illusion. Um der Behauptung der „inneren Wahrnehmung" einen Sinn zu geben, hätte Brentano die anthroposophische „Intuition" beschreiben müssen. Wenn nun Rudolf Steiner in „Von Seelenrätseln" den Willen als *„innere"* Wahrnehmung bezeichnet, so heißt das, an die Adresse Brentanos: Jawohl, es gibt die von Brentano verfehlte anthroposophische Intuition: die Selbstwahrnehmung des Weltgeschehens, die als *Selbst*-Wahrnehmung auch „innere" Wahrnehmung genannt werden kann. Man könnte auch sagen, um die Distanz zur Eitelkeit des Seelenforschers Brentano zu markieren: „Äußeres Weltgeschehen [z. B. der physikalische Vorgang des Aufhebens der Kreide] *i s t* Geschehen der Seele" [nämlich der Welt-Seele].)

(Noch eine Zwischenbemerkung: Die *Form*, in der die pneumatosophische Definition des Willens als äußere Wahrnehmung auftritt, ist beachtlich. Sie kaschiert das Erregende der goetheanistischen Mitteilung schonend durch ein unscheinbares Nebensätzlein: „...wovon ich gar nicht weiß, dass es eine äußere Wahrnehmung ist." Diese Form bestätigt die Praxis des Okkultisten und Erschaffers von Seele, der zur Schonung der Zuhörer öfters entscheidend Wichtiges in verschachtelten Nebensätzen unterbringt, damit sich niemand unzuträglich erschrecke. Es bedeutet außerdem eine Wohltat für die Zuhörer und für die Leser der Vortragsnachschriften, wenn sie nicht der Illusion zu huldigen brauchen, das Zuhören oder Lesen sei – leicht.)

Die moderne akademische Physiologie ist – fast allzudeutlich – ein genauer Ausdruck der „abendländischen" Geistesverfassung. Hinter den Fragestellungen der Physiologie steckt die griechisch-abendländische Gottesvorstellung, die unter Gott nicht den Körpermenschen, sondern einen körperfreien Geist vorstellt. Eine gewisse „abendländische" Geistesverfassung ist noch nicht fähig, sich den göttlichen Körper vorzustellen, der als Körper *Geist* ist. Vom körperfreien griechischen Philosophengott muss gesagt werden, dass er jedenfalls nicht in der Verfassung ist, anthroposophische Intuitionen zu haben, denn wie sollte auch der Körperlose ein Stück Kreide aufheben. – Nun gibt es als Gottesersatz und als Repräsentanten des transmundanen Gottes in der irdischen Welt, unter dem Einfluss des Aristoteles: die sogenannte „Seele", die dem Meier und dem Müller eignen soll wie dem Milchtopf der Henkel. Als Rudolf Steiner sein Buch „Theosophie" dem Geiste Giordano Brunos widmete, drückte er damit die Erkenntnis aus, dass „Gott" und „Seele" prinzipiell das gleiche bedeuten, und dass Seele zuerst eine Eigenschaft der *WELT* ist, bevor von der „Seele" der Meier und Müller die Rede sein kann. – Die klassische Physiologie ist aber gerade dadurch klassisch, dass ihren Fragestellungen überall die landläufige Vorstellung der armen „Seele" zugrunde liegt. Davon kann man sich leicht bei dem Klassiker der Physiologie Du Bois-Reymond, der viel zur Bekräftigung der Theorie der zweierlei Nerven beigetragen hat, überzeugen. Es ist überhaupt nützlich, die Theorie der motorischen Nerven nicht nur bei den heutigen Gelehrten, die diese Lehre vererbt bekommen haben, zu studieren, sondern sie bei ihren eigentlichen Machern, die immerhin aus großen Gesichtspunkten heraus die motorischen Nerven erfunden haben, kennenzulernen. In dem Vortrage von 1851 „Über tierische Bewegung" sagte Du Bois-Reymond: „Was ist da, um bald diesen, bald jenen Muskel zu stechen, zu schneiden, zu kneifen, zu verbrennen, anzuätzen, zu elektrisieren, damit er sich, der zu vollführenden Bewegung gemäß, im rechten Augenblick zusammenziehe? Die Muskeln sind das Ross, der Reiter die Seele."

Es muss eingesehen werden, dass die arme „Seele" zum Aufbau der Wissenschaft nicht taugt, am allerwenigsten taugt für die Krone der modernen Naturwissenschaft, die Physiologie.

Man halte doch nebeneinander
Rudolf Steiner: der Wille ist eine äußere Wahrnehmung
                              und
Du Bois-Reymond: Sitz des Willens ist einzig das Gehirn.

Diese beiden Kernsätze sind überhaupt in keiner Weise kommensurabel. Es sind Thesen von höchster *weltanschau-*

licher Relevanz. Es ist eine *weltanschauliche* Einsicht und Tatsache, dass es die motorischen Nerven nicht gibt. Die Frage der motorischen Nerven kann daher auf dem Arbeitsfelde heutiger Anatomie und Physiologie ernsthaft gar nicht gestellt und behandelt werden.

In bezug auf die Bedeutung Schopenhauers für die neuere Weltanschauungsentwicklung sagt R. ST. in „Die Rätsel der Philosophie" (Bd. I, S. 184):

„Es schreitet die Weltanschauungsentwicklung der neueren Zeit durch *Schopenhauer* insofern weiter, als mit ihm einer der Versuche beginnt, e i n e der Grundkräfte des Selbstbewusstseins zum allgemeinen Weltprinzipe zu erheben. Im tätigen Selbstbewusstsein liegt das Rätsel des Zeitalters. Schopenhauer ist nicht in der Lage, ein Weltbild zu finden, das in sich die Wurzeln des Selbstbewusstseins enthält. Das haben Fichte, Schelling, Hegel versucht. Schopenhauer nimmt e i n e Kraft, den *Willen*, und behauptet von diesem, er sei nicht bloß in der Menschenseele, sondern in der ganzen Welt. So ist für ihn zwar der Mensch nicht mit seinem vollen Selbstbewusstsein in den Welturspüngen gelegen, wohl aber mit einem Teil desselben, mit dem Willen. Schopenhauer stellt sich damit als einer derjenigen Repräsentanten der neueren Weltanschauungsentwicklung dar, welche das Grundrätsel der Zeit nur teilweise in ihr Bewusstsein zu fassen vermochten."

Ist es erlaubt, als das „*Grundrätsel*" den konsequenten ANTRHOPOMORPHISMUS DER WELT zu verstehen?, um dem Satze aus „Mein Lebensgang" Ehre zu erweisen: „Der Mensch selbst ist die Lösung des Welträtsels"? Ich denke: der physische Mensch als sich wissender

Wille. – Ob es erlaubt oder nicht erlaubt ist, den konsequenten Anthropomorphismus zu postulieren, ob es opportun oder nicht opportun ist – –: ich fürchte jedenfalls, die anthroposophischen Akademiker werden sich, auf die Gefahr hin, ihre akademische Karriere zu gefährden, irgendeinmal für den konsequenten Anthropomorphismus zu engagieren haben. Schrecklich! Man ist ja so fromm gestimmt in Neudeutschland, der Nordwestdeutsche Rundfunk sendet jeden Tag schon fünf Minuten vor fünf Uhr früh Kirchengesang, der Süddeutsche Rundfunk kommt mit seinem täglichen Pastorenschmalz erst um sechs Uhr.

Ich betrachte es als glückliche Regie eines freundlichen Karma, dass dieser Brief Sie am 27. Februar erreichen wird.

Hochachtungsvoll
K. B.

K. B. an Dr. Kienle am 27. Februar 1953, Durchschlag an Dr. Poppelbaum.

Sehr geehrter Herr Dr. Kienle!

Physiologische Begründung des freien Willens?

Auf den Seiten 68 bis 71 seiner Arbeit „Die Grundfragen der Nervenphysiologie" bietet Dr. Kienle eine physiologische Begründung der Möglichkeit des freien Willens an. Aus allgemein wissenschaftlichen Gründen erübrigt sich eine Diskussion dieser Seiten 68 bis 71. Dagegen erscheint mir eine Bezugnahme auf jene Seiten aus anthroposophischen Gründen wichtig und dringlich:

Es ist doch einfach schade um die Zeit, die der Anthroposoph Dr. Kienle auf die Bearbeitung einer Frage verwendet, die ganz ausdrücklich von Rudolf Steiner als Frage und Problem abgeschafft ist. Wozu sich denn mit der Physiologie des „freien Willens" befassen, wenn – was schließlich auch der Anthroposoph Dr. Kienle wissen sollte – R. ST. am 17. Februar 1924 (im Vortrage Nr. 5610) nicht ohne Vehemenz sagte: „Es ist ein Unsinn, nach der Freiheit des Willens zu fragen; sondern man kann nur von der Freiheit der Gedanken sprechen."

Zur Beförderung des Verständnisses, weshalb es ein Unsinn ist, über den „freien Willen" zu sprechen, kann jene Orientierung über die Freiheit dienen, die R. ST. in dem Vortragszyklus „Der Entstehungsmoment der Naturwissenschaft" im 9. Vortrage am 6. Januar 1923 (Vortrag Nr. 5128) gegeben hat. Man wird sich allerdings, um die folgend zitierten Stellen nicht gründlich misszuverstehen, die dilettantische Annahme verbieten müssen, R. ST. spreche hier von *seiner* Freiheit. Also über die Freiheit der anthroposophischen *Zuhörer* vernahm man am 6. Januar 1923 in der „Schreinerei", während draußen vor der Schreinerei der Geruch des (römischkatholisch) verkohlten ersten Goetheanum die Luft erfüllte, die folgende Belehrung:

„Und so, wie erlebt werden heute Denken, Fühlen und Wollen, so sind sie Schein. Und an diesem Schein nagen ja unsere heutigen Erkenntnistheoretiker in einer entsetzlichen Weise herum. Sie kommen einem wirklich vor wie der berühmte Held, der sich an seinem eigenen Haarschopf in die Höhe ziehen will, oder wie ein Mensch, der im Innern eines Eisenbahnwagens steht und fortwährend anschiebt im Innern, gar nicht merkt, dass er da nicht weiterkommen kann, wenn er im Innern anschiebt. So kommen einem die heutigen Erkenntnistheoretiker vor. Sie reden, aber es ist keine Kraft in ihren Reden, weil sie sich nur innerhalb ihres Scheins bewegen.

Sehen Sie, diesem Reden habe ich zweimal versucht, ein gewisses Ende zu machen, das erste Mal in meiner 'Philosophie der Freiheit', wo ich gezeigt habe, wie, wenn nun dieser Schein, der im reinen Denken liegt, innerlich vom Menschen erfasst wird, wie er gerade der Freiheitsimpuls ist. Denn wäre in dem, was man subjektiv erlebt, etwas anderes als Schein, so würde man nie frei sein können. Wird aber der Schein reines Denken, dann kann man frei sein, weil dasjenige, was nicht ein Sein ist, einen eben nicht bestimmt, währenddem einen ein jedes Sein bestimmen müsste. Das war das erste Mal.

Das zweite Mal war, wie ich auf dem Philosophischen Kongress in Bologna psychologisch die Sache analysiert habe. Da versuchte ich zu zeigen, dass in der Tat die Empfindungen und Gedanken der Menschen nicht innerlich erlebt werden, sondern auch äußerlich erlebt werden, dass man das auch aus einer jetzt aus dem Geiste der Gegenwart hervorgehenden Betrachtungsweise gewinnen kann."

Dieser oder jener wird vielleicht eine bescheidene Beihilfe zum Verständnis dieser offensichtlich nicht ganz leichten Aufklärung über die Freiheit nicht verschmähen. Ich versuche eine freie Umschreibung dessen, was R. ST. über den Inhalt und Sinn seines Bologna-Vortrages am 6. Januar 1923 sagte. Nach meiner freien Umschreibung bekundete Rudolf Steiner:

„Es wird euch nichts nützen, Schieber im Innern zu sein. Blickt auf die *Gedanken*, die als Anthroposophie vor euch hingestellt sind. Bildet euch nicht ein, indem ihr diese Gedanken denkt, dass ihr diese Gedanken 'innerlich' habt; nein, ihr habt diese Gedanken, die *ihr* nicht geschaffen habt, 'äußerlich'; es sind äußere (Gedanken-) Tatsachen, geradeso wie der Birnbaum oder der Glockenton äußere Tatsachen sind. Aber ihr habt die Möglichkeit, an diesen 'äußerlichen' Gedanken gleichsam als Innerlichkeit erstmals zu *entstehen*, wenn ihr empfindet: Ich denkt (denkt!, nicht etwa: denke) diese Gedanken. Bei dieser Empfindung: 'Ich denkt' erlebt ihr erstmalig Freiheit."

Meine Möglichkeit der Freiheit ist meine Fähigkeit, erstmals in einem *anthroposophisch begründeten Sinne* „Ich" zu empfinden. Das scheint schwer verständlich. Bin ich denn nicht längst ein „Ich"? Ich sage doch schon immer zu meinem Leibe „Ich"; oder „Ich" bin es, der Zahnschmerzen empfindet. Es gibt indessen auch ernsthaft gescheite Leute, die im allerradikalsten Sinn das wohlbekannte Ichgefühl für eine Täuschung erklären. Anstatt mich dieser – nicht einmal schlecht begründeten – Lehre von der Irrealität des Ich anzuschließen, möchte ich lieber sagen: Meine gewöhnliche Ich-Empfindung ist eine freche Anmaßung, wenn „Ich" in Wahrheit der Name ist für das Göttliche, das mir, wenn Karma mir günstig ist, als die *Gedanken* der Anthroposophie „äußerlich" entgegentreten kann.

Wenn ich mein Problem der Freiheit in dieser Weise verstehe, kann ich es nicht für vordringlich halten, dass man mit völlig anthroposophie-fernen Gedanken nach physiologischen Grundlagen der Freiheit neugierig ist. Ich betone schon in meinem gestrigen Briefe, dass man sich zuerst umfassende *weltanschauliche* Gesichtspunkte anzueignen hat, damit man sich nicht an die unproduktiven Fragestellungen der akademischen Physiologie verliere. Ich betrachte es als ein sicheres Indizium dafür, dass man die Anfängerstufe im Studium der Anthroposophie noch nicht erreicht hat, dort, wo man sich Geschichten erzählt über „Physiologie der Freiheit".

Das Ideal, „frei" zu sein, hat den Inhalt: Mein wahres Ich ist (Bologna-These) draußen bei den wahrnehmbaren Dingen der Außenwelt. Unter den Dingen der Außenwelt sind auch *Gedanken*, nämlich die mir angebotenen Gedanken der Anthroposophie. Wie der Birnbaum und der Glockenton „äußerlich" erlebt werden, durch Gesichtssinn und Gehörsinn, ebenso werden auch die *Gedanken* (der Anthroposophie) „äußerlich" erlebt, durch den von Rudolf Steiner eingeführten „Sinn für Gedankenwahrnehmung" (oder „Vorstellungssinn"). Indem ich zu empfinden vermag: in den wahrgenommenen Gedanken, die ich zwar denke, die *ich* aber nicht hervorgebracht habe (ebensowenig wie ich den Birnbaum und den Glockenton hervorbringe), sei „Ich", erlebe ich *Freiheit*.

Es scheint mir eine vertretbare logische Forderung zu sein, dass der anthroposophische Physiologe sich zuerst Vorstellungen über anthroposophisch zu verstehende Freiheit zu erwerben habe, bevor er irgendwelche Bedingungen der Freiheit ins Auge fassen kann.

                              Hochachtungsvoll
                              K. B.

K. B. an Dr. Kienle am 28. Februar 1953, Durchschlag an Dr. Poppelbaum.

Sehr geehrter Herr Dr. Kienle!

„Von Seelenrätseln" – –

Anerkanntermaßen bildet das Kapitel „Die physischen und die geistigen Abhängigkeiten der Menschenwesenheit" des Buches „Von Seelenrätseln" die Pforte, durch die anthroposophische Akademiker in das Gebiet einer Theorie der Nerven („Nervenphysiologie") gelangen. Das Buch „Von Seelenrätseln" ist 1917 erschienen, nachdem am 17. März 1917 Franz Brentano in Zürich verstorben war. Ich habe mir im Laufe längerer Studienjahre das Urteil gebildet, zu einem intimeren Umgange mit dem Buch „Von Seelenrätseln" sei die Anschauung unerlässlich, man habe es in dem Buche im ganzen mit einem Totenamt für Franz Brentano zu tun. Das Buch ist nicht nur „Theorie" im üblichen akademischen Sinne, es ist *Geschehnis* aus einer einmaligen Situation heraus. Das Geschehnis besteht darin, dass R. ST. in „Von Seelenrätseln" zu den zeitgenössischen Gebildeten streng *so* spricht, als ob der verstorbene Franz Brentano das Ohr wäre, mit dem die lebenden Zeitgenossen das in dem Buche Ausgesprochene anhören. Das Verständnis dieser „esoterischen" Situation scheint mir unentbehrlich, wenn man nicht am Essentiellen des Buchinhaltes vorbeisehen will. Nicht überflüssig scheint mir die Überlegung, dass das liebevolle Interesse Rudolf Steiners für Brentano eigentlich „rätselhaft" ist, ein „Seelen-Rätsel" ist; denn als Rudolf Steiner in Wien in den achtziger Jahren die Einleitungen zu Goethes Naturwissenschaftlichen Schriften und die Erkenntnistheorie der Goetheschen Weltanschauung schrieb, da war

Brentano, der ja damals in Wien dozierte, für Rudolf Steiner in philosophischer Hinsicht ein übler Reaktionär und in psychologischer Hinsicht ein Geck. Es ist auch kaum ein größerer Gegensatz denkbar als der zwischen der Weltanschauung der „Erkenntnistheorie der Goetheschen Weltanschauung" und der philosophischen Weltanschauung in Brentanos „Psychologie". Es müssen also Motive besonderer Art sein, die R. ST. im Jahre 1917 veranlassten, dem philosophisch Erzbösen bei Brentano eine besonders liebevolle Aufmerksamkeit zu widmen.

Ich habe in meinem Briefe vom 26. Februar angedeutet, man müsse die Aussage in „Von Seelenrätseln", die motorischen Nerven dienten der „inneren" Wahrnehmung, als an die Adresse Brentanos gerichtet empfinden können, dessen Philosophie auf einem sehr anspruchsvollen Begriff der „inneren Wahrnehmung" aufgebaut ist.

Ich möchte nun auf eine bezeichnende Kleinigkeit aufmerksam machen, die mir im ersten Bande des „Anthroposophisch-Medizinischen Jahrbuches" (1950) nicht entgangen ist. Dort bezieht sich ein Autor auf die berühmte Stelle, welche lautet: „Der sogenannte motorische Nerv dient nicht in dem Sinne der Bewegung wie die Lehre (von der Gliederung der Nerven in zwei Arten) annimmt, sondern als Träger der Nerventätigkeit dient er der inneren Wahrnehmung desjenigen Stoffwechselvorganges, der dem Wollen zugrunde liegt." Es ist nun doch sehr bezeichnend, dass der gemeinte Autor, indem er statt „innerer Wahrnehmung" einfach „Wahrnehmung" sagt unter Auslassung des Wortes „inneren", diese gewichtige Stelle entscheidend falsch wiedergibt. (Vgl. Anthroposophisch-Medizinisches Jahrbuch I, S. 334.) Ich möchte auch, da ich Gründe dafür habe, darauf aufmerksam machen, dass in der zitierten berühmten Stelle („Von Seelenrätseln", S. 245) nicht von der inneren Wahrnehmung von Stoffwechselvor*gängen* (Plural), sondern von der inneren Wahrnehmung „desjenigen Stoffwechsel v o r - g a n g e s " (Singular!) die Rede ist. Dieser Singular deutet möglicherweise auf jenes „Subjekt", das Herr von Weizsäcker „eingeführt" zu haben wünscht. Oder dieser Singular ist möglicherweise von Zyklus 30, 8, 15 her beleuchtet, wo die *physiologische* Frage aufgeworfen wird: „Wodurch kommen Muskeln in Bewegung?", und die präzise *physiologische* Antwort erteilt wird: „dass die Muskeln aus der persönlich gewordenen Sphärenharmonie heraus bewegt werden". Diese exakt physiologische Belehrung regt zu der Überlegung an, dass „derjenige Stoffwechselvorgang, der dem Wollen zugrunde liegt", als Welt-Wille *Einer* sei. – (Vielleicht kann es eine mögliche anthroposophische Frage sein, ob die „Sinnenwirkung" [C. Unger] des Welt-Subjektes als Stoffwechselvorgang aufzufassen ist, nachdem in dem kürzlich publizierten „Fragment aus dem Jahre 1910" der beängstigende Begriff „Selbstwahrnehmung des Stoffes" aufgetreten ist.)

Wo man sich mit dem Buche „Von Seelenrätseln" beschäftigt, sollte man sich Klarheit darüber verschaffen, wodurch anthroposophische Verehrer Franz Brentanos sich von Trägern der bedeutenden philosophischen Strömung (Phänomenologie) unterscheiden, bei denen stark die optimistische Meinung im Schwange ist, es gehe eine Erneuerung des philosophischen Denkens von Brentano aus. Brentano habe, so meint man, die Befreiung von dem willkürlich konstruierenden Kantianismus eingeleitet. Wie steht es um diesen Optimismus? Ist Brentano etwa nicht der Anwalt jener armen „Seele" von Aristoteles' Gnaden, die in der Physiologie so viel Unfug gestiftet hat? Brentano nimmt optimistisch an, sein „Ich" sei eine Substanz. Dieser Optimismus ist nicht gerechtfertigt, denn gegen ihn sprechen nicht nur zahlreiche Gründe der naturwissenschaftlichen Forschung, sondern schon die philosophische Überlegung, dass das „Ich" aus dem Grunde keine „Substanz" sein kann, weil es im Schlafe einfach nicht da ist. Es ist aber mit dem Wesen einer Substanz nicht vereinbar, dass sie einmal ist und einmal nicht ist. Unter der Voraussetzung, sein „Ich" sei eine Substanz, beansprucht Brentano für sich eine „innere Wahrnehmung". Er meint damit „die innere Wahrnehmung der eigenen psychischen Phänomene". Von „Ihrer Evidenz der inneren Wahrnehmung" (ein Ausdruck Brentanos) lässt sich Brentano z. B. die Evidenzerlebnisse im urteilenden Denken besorgen; oder er besorgt mit Hilfe seiner behaupteten „inneren Wahrnehmung", zur Erheiterung von geringeren Optimisten, die Lösung des Humeschen Problems. Ich habe mir in ausgedehnten Studien das Urteil gebildet, die Behauptung innerer Wahrnehmung durch Brentano sei nichts als arrogante Illusion. Schon vor dem Erscheinen von Brentanos „Psychologie" (1874) wurden treffende Gründe gegen das Bestehen einer inneren Wahrnehmung von dem unvergleichlichen Friedrich Albert Lange ins Feld geführt. Übrigens betont Brentano, dass er unter seiner „inneren Wahrnehmung" nicht eine innere *Beobachtung* verstanden wissen will; die letztere sei unmöglich, denn: wer den Zorn, der in ihm glüht, beobachten wollte, bei dem wäre der Zorn bereits abgekühlt.

Die Annahme einer vorgeblichen „inneren Wahrnehmung" hat sich eindrucksvoll ad absurdum geführt. Im 19. Jahrhundert huldigte einer der großen Begründer der modernen Physiologie, Johannes Müller, der Illusion der inneren

Wahrnehmung. In seinem 1840 erschienenen Handbuch der Physiologie behauptete er: die vom Gehirn zu den Muskeln gehenden Innervationen würden als solche *unmittelbar empfunden*. Die Unmöglichkeit dieser Annahme wurde durch psychologische (W. James) und physiologische (Hering) Untersuchungen klargestellt. Wenn wir das *Ziel* einer beabsichtigten Bewegung, etwa die Hebung eines Beines, *vorstellen*, so erfahren wir anschließend, indem wir die Bewegung ausführen, keinen vom Gehirn zu den Muskeln gehenden „Energiestrom"; wir erfahren erst die *ausgeführte* Bewegung. Von einer inneren Wahrnehmung des angeblichen Innervationsstromes kann nicht die Rede sein. Im Sinne Rudolf Steiners muss man sagen: der fälschlich so genannte „Bewegungsnerv" dient der Wahrnehmung; er nimmt die *objektive* Bewegung wahr, dient der Kontrolle der Bewegung, ähnlich wie das Gewissen der Kontrolle der vollzogenen Tat dient. „Wir erleben mit unserem Ich die Teilnahme an unseren Bewegungen" (R. ST.).

Die Frage drängt sich auf, ob denn das Studium der Anthroposophie zu der allgemeinen Feststellung führe: „Es gibt keine innere Wahrnehmung." Auf diese Frage kann geantwortet werden: Die Geisteswissenschaft lehrt keine innere Wahrnehmung als Sonderart von Wahrnehmung. Auch die höchsten geistigen Wahrnehmungen sind von prinzipiell gleicher Art wie die Wahrnehmung eines Birnbaumes. Als Beispiel höchster geistiger anthroposophischer Wahrnehmung diene die Wahrnehmung eines *andern* „Ich"; es wird nicht gut möglich sein, dass die Wahrnehmung eines andern „Ich" unter die „innere Wahrnehmung der eigenen psychischen Phänomene" (Brentano) fällt. Die Wahrnehmung eines anderen „Ich" ist ebenso eine „äußere" Wahrnehmung wie jede andere Wahrnehmung. – Die vollkommene Wahrnehmung wäre nach Brentano offenbar die Wahrnehmung des eigenen „substanziellen" Ich. Der Schüler der Geisteswissenschaft verzichtet auf die Zumutung Brentanos, der kapitalistische Besitzer einer Ich-Substanz zu sein. Eine „Seele" kann sich der Schüler der Geisteswissenschaft nicht mit den Denkmitteln des Aristoteles vorstellen. Er findet, der Heide Aristoteles rede irre über die Seele (Zyklus 45, 2, 21). Der Schüler der Anthroposophie findet sich damit ab, dass er zunächst von seinem wahren Ich nicht mehr weiß als von seinem Tode. Er kann die Vorstellungen „Seele" und „Ich" nur wagen, indem er die Auferstehung eines Gekreuzigten glaubt; Seele und auferstehender Leib sind ihm das gleiche. Er kann sich nicht erlauben, im Stil „christlicher Philosophie" unter Seele eine Naturtatsache zu verstehen. Seine Resignation befindet sich dabei in bester Übereinstimmung mit der echten, sich selbst verstehenden Naturforschung, die nirgends auf eine Naturtatsache „Seele" gestoßen ist. Die streng *wissenschaftliche* Hoffnung, über „Seele" nicht mythologisch, sondern *wissenschaftlich* sprechen zu können, heißt dem Schüler der Geisteswissenschaft: Christus-Impuls. Wenn ich *wissend* so etwas wie „Ich" ergreifen und verstehen will, dann brüte ich nicht in meinem Innern, ich verzichte darauf, ein Schieber im Innern zu sein, sondern ich fasse den Entschluss, in den Mitteilungen der geistigen Welt (= Anthroposophie), die ich nicht „glaube", sondern *denke*, geistig Substanzielles *wahrzunehmen*. Das ist genau das Gegenteil der Brentanoschen arrogant illusionären Wahrnehmung der *eigenen* psychischen Zustände. Der technische Ausdruck der Anthroposophie zur Bezeichnung des *Objektes* meiner Wahrnehmung von substanziellem „Ich" heißt: die Erscheinung des Christus in seinem Ätherleibe seit der Mitte des 20. Jahrhunderts. Das Wahrgenommene ist die notwendige Ursache, zu der solche

Menschen, die *wissend* mit Sinn zu sich „Ich" sagen wollen, *in Freiheit* die Wirkung sein können. Denn die Ursache wirkt nur, wenn Menschen die Wirkung *wollen*. Indem der Schüler der Geisteswissenschaft zu sich „Ich" sagt, kann er nicht ein Privateigentum meinen; sein „Ich", das ihm eingewirkt wird, ist von vornherein und prinzipiell eine gesellschaftlich-soziale Angelegenheit.

Hochachtungsvoll
K. B.

K. B. an Dr. Kienle am 1. März 1953, Durchschlag an Dr. Poppelbaum.

Sehr geehrter Herr Dr. Kienle!

Zu „Von Seelenrätseln" – –

R. ST. bringt dem Philosophen Franz Brentano die wärmste Verehrung und Liebe entgegen. Ich müsste indessen ein Tropf sein, wenn ich mir einbilden wollte, die Liebe des anthroposophischen Lehrers für Brentano könne ohne weiteres auch *meine* Liebe sein. Ich lasse mir, um nicht ein Tropf zu sein, die Liebe Rudolf Steiners zu Brentano zum Rätsel werden. Dabei dient mir als Leitfaden die anthroposophische Lehre vom Bösen: ein ursprünglich Gutes wird ein Böses, indem es zur falschen Zeit am falschen Orte auftritt. Die Griechen brachten zur richtigen Zeit „das herrliche Denkmal der aristotelischen Philosophie" hervor (Zyklus 4, 11, 17). Nun stelle man sich vor, Aristoteles wollte mit der ihm eigenen Potenz im 19. Jahrhundert philosophisch wirken, ohne dass er seit der Griechenzeit Neues gelernt hätte. Dann würde so etwas wie die Philosophie Franz Brentanos herauskommen, ein unzeitgemäßes Gutes, und darum ein Erzböses. Ich bin so frei, ein Rätsel und Mysterium zu empfinden, wenn R. ST. seine Verehrung und Liebe just auf ein Erzböses wendet.

Im Berner Francke-Verlag erschien 1951 das hochwertige Buch von Alfred Kastil, einem Meisterschüler Brentanos: „Die Philosophie Franz Brentanos, eine Einführung in seine Lehre". Kastil, der in seiner Darstellung vielfach die Wortlaute von Texten Brentanos verwendet, gibt S. 61 eine Erklärung für den Vorgang „das Gesicht eines anderen Menschen sehen". Streng genommen, sagt Kastil-Brentano, sollte man eigentlich nicht sagen, dass wir „ein Gesicht sehen". Schon Aristoteles habe das beanstandet. Exakt gesprochen sehe man etwas ausgedehntes, gestaltetes Farbiges. Dass wir ein Gesicht vor uns haben, werde *hinzugedacht*. Es sei *Deutung*, wobei begriffliche Bestandteile eine Rolle spielen. – Nun, *meine* Liebe für den Philosophen Brentano hat festzustellen: Ein wüsterer Insult gegen Anthroposophie ist überhaupt nicht denkbar.

(Beiläufig erwähne ich, dass nach der Sinneslehre Rudolf Steiners das beim Gesichtssinn Wirkende „Empfindungsseele" heißt, und dass dieses Wirkende „merkwürdigerweise gedanklicher Natur" ist. R. ST. am 25. Oktober 1909, Vortrag Nr. 2077.)

Warum muss man von einem wüsten Insult sprechen? Bitte sehr: es leben noch zahlreiche Menschen, die in ihrer jetzigen Inkarnation den Vorzug hatten, Rudolf Steiner ins Auge zu sehen. Was geschah, wenn man das Antlitz Rudolf Steiners sah? Was geschah hinsichtlich des Problems Kastils:

„ein Gesicht sehen"? Nach Brentano hätte man ausgedehntes, gestaltetes Farbiges wahrgenommen, und dann hatte man sich gleichsam weltschöpferisch zu betätigen, indem man das ausgedehnte Farbige *„deutete"*. Was heißt das? Um zu deuten, musste man sich der Vorstellungen bedienen, die man schon hatte, also in diesem Falle der Allgemeinvorstellung „menschliches Gesicht". Das Resultat des Deutungsaktes konnte nur ein Artbegriff sein, so wie man ein gelbes farbiges Etwas durch den Artbegriff Kanarienvogel „deutet". Was geschah, wenn nun jemand das Angesicht Rudolf Steiners *zum ersten Male* sah? Dann musste seine „Deutung" unvermeidlich lauten: auch so ein Gesicht, wie es mir von Meier, Huber und Müller her in Erinnerung ist, ein „allgemeines" Gesicht oder ein Dutzendgesicht, sofern man die in der „Deutung" verwendete Art-Vorstellung auf zwölf Individuen beziehen kann, oder auch auf hundert.

Es bildet einen markanten Lehrpunkt Brentanos und seiner Schule (vgl. Oskar Kraus, im Vorwort zu „Psychologie vom empirischen Standpunkt", 1924, Meiner-Verlag, bes. S. IXXX), dass wir *niemals Individuelles wahrnehmen* können.

Das bedeutet: Wenn man Rudolf Steiner ins Antlitz schaute, so gewahrte man nicht ein einzigartiges Individuelles (als Individuation von Welt) in direkter Anschauung, sondern man hatte, da nach Kraus-Brentano die Anschauungen nicht „reine" Vorstellungen sind, die *getrübte Allgemeinvorstellung* „menschliches Gesicht" als psychisches Phänomen, als psychisches Erlebnis.

„Das psychische Leben beginnt mit Allgemeinvorstellungen", sagt uns Kraus. Aber das ist einfach nicht wahr. Denn die psychische Karriere zahlreicher Anthroposophen begann evident mit der Anschauung von einzigartigem Individuellem.

Soll ich mir von dem Deute-Künstler Brentano etwa verbieten lassen, ein individuelles Menschenantlitz zu *s e h e n* ?

Diese Überlegungen möchten eine Anregung sein für den Fall, dass sich anthroposophische Akademiker entschließen werden, das Buch „Von Seelenrätseln" hinsichtlich der Prinzipien einer Nervenphysiologie zu Rate zu ziehen.

Hochachtungsvoll
K. B.

K. B. am 5. März 1953 an Dr. G. Kienle, Tübingen. Dieser Brief wurde unter Voraussetzung der Möglichkeit geschrieben, dass Herr Dr. Kienle auf meine acht Briefe hin ein Zeichen kundtun könne. Ein solches Zeichen erfolgte nicht. Der Brief nach Tübingen fand den Weg zur Post nicht.

Sehr geehrter Herr Dr. Kienle!

Soll geschwindelt werden?

Es gibt ein verehrungswürdiges Denkmal des intellektuellen Anstandes. Der Handelnde bei dem lehrreichen Urbild ist

Adolf Arenson. Mit hervorragender Anständigkeit sagte er: „Wir haben es nicht verstanden." Es ist dies eine ungewöhnliche Art, dem Lehrer R. ST. den Dank auszusprechen. Arensons Form des Dankes ist sinnvoll, wenn man annimmt, dass an dem Dank, den der Schüler dem Lehrer darbringt, einzig die Wahrhaftigkeit interessant sein kann.

Adolf Arenson hielt am 22. Januar 1914 im Berliner Zweig seinen (gedruckt vorliegenden) Vortrag: „Das Erdinnere". Der Vortrag befasst sich mit den Mitteilungen, die Rudolf Steiner im Jahre 1906 in Stuttgart über die Kräfte des Erdinnern gemacht hatte (im letzten Vortrage des Zyklus 1, „Vor dem Tore der Theosophie"). Zur Kennzeichnung der Aufgabe, die sich Arenson in seinem Berliner Vortrag stellte, sagte er: „Während nun in diesem Zyklus 'Vor dem Tore der Theosophie' bis kurz vor dem Schluss alles in allmählicher Entwicklung geschildert wird, von dem Wesen des Menschen an bis zu den verschiedenen Einweihungsmethoden, bringt der letzte Vortrag etwas ganz Neues, Unerwartetes: eine Beschreibung des Erd-Innern. Es wird darin gesagt, dass die Erde nicht, wie eine moderne Naturforschung annimmt, ein großer lebloser Ball sei, der innen gerade so ist wie außen, höchstens mit dem Unterschiede, dass die Stoffe im Innern flüssig sind; sondern dass unsere Erde bis zum Mittelpunkt hin aus einer Reihe von Schichten besteht, die untereinander verschieden sind, sämtlich aber so, dass sie mit keiner Substanz der Erdoberfläche verglichen werden können. Und nun wurden die Schichten kurz, aber charakteristisch beschrieben. – Wir verstanden es damals nicht, und es blieb uns nichts anderes übrig, als in Geduld abzuwarten, ob später weitere Vorträge folgen würden, die uns zu einem Verständnis führen könnten. Es kamen auch einige Vorträge über Erdbeben und Vulkan-Ausbrüche, in denen die Schichten der Erde erwähnt wurden; es wurden auch noch Einzelheiten hinzugefügt –, aber eine Erklärung, wie wir sie erhofft hatten, erfolgte nicht. – Heute nun, wo seit dieser ersten Mitteilung mehr als sieben Jahre verflossen sind, und ein Material vorliegt, das uns die Möglichkeit eines gründlicheren Studiums gewährt, heute sei es mir gestattet, einiges von diesem Material heranzubringen, um durch eine richtige Gruppierung desselben die uns damals gegebene Schilderung zu beleuchten."

Was Arenson in seinem Vortrage bietet, bedeutet ein dauernd gültiges und verbindliches Muster für solide anthroposophische Lern-Arbeit. Arensons eindeutige Methode ist die „passiv sympathisierende Übernahme des von R. Steiner Dargestellten" (vgl. H. Witzenmann im Anthroposophisch-Medizinischen Jahrbuch III [1952], S. 245).

Arensons spezifisches Nichtverstehen ist ein Ausdruck jenes *Staunens*, das von R. ST. ergreifend beschrieben wird im Zyklus 35, 6, 3: „Wer nur ein wenig reflektiert hat und acht gibt auf den ganzen Vorgang im Erleben seiner Seele, wie er sich nähert irgendeinem Wissen, der wird schon an sich selbst erfahren können, dass ein gesunder Weg zum Wissen immer seinen Ausgangspunkt findet von dem *Staunen*, von der Verwunderung über irgend etwas. Dieses Staunen, diese Verwunderung, von der jeder Wissensprozess auszugehen hat, gehört geradezu zu jenen seelischen Erlebnissen, die wir bezeichnen müssen als diejenigen, welche in alles Nüchterne Hoheit und Leben hineinbringen. Denn was wäre irgendein Wissen, das in unserer Seele Platz greift, das nicht ausginge von dem Staunen? Es wäre wahrhaftig ein Wissen, das ganz eingetaucht sein müsste in Nüchternheit, in Pedanterie. *Allein* jener Prozess, der sich abspielt in der Seele, der von der Verwunderung hinführt zu der Beseligung, die wir empfangen von den gelösten Rätseln, und der sich zuerst über der Verwunderung erhoben hat, macht das Hoheitvolle und das innerlich Lebendige des Wissensprozesses aus. Man sollte eigentlich fühlen das Trockene und Vertrocknende eines Wissens, das nicht von diesen beiden Gemütsbewegungen sozusagen eingesäumt ist. Eingerahmt von Staunen und von Beseligung über das gelöste Rätsel ist das gesunde Wissen. Alles andere Wissen kann von außen angeeignet sein, kann von dem Menschen aus diesem oder jenem Grund herangebracht sein. Aber ein Wissen, das nicht eingerahmt ist von diesen beiden Gemütsbewegungen, ist nicht wirklich im Ernste aus der Menschenseele entsprungen. Alles Aroma des Wissens, das die Atmosphäre des Lebendigen im Wissen bildet, geht aus von diesen zwei Dingen, von Staunen und Beseligung über das erfüllte Staunen. – Was für einen Ursprung hat aber das Staunen selbst? Warum tritt Staunen – also Verwunderung über irgendein Äußeres – in unserer Seele auf? Es tritt Staunen, Verwunderung aus dem Grund auf, weil wir uns zunächst irgendeinem Wesen oder einem Ding oder einer Tatsache gegenüber, die vor uns auftritt, fremd angemutet fühlen. Die Fremdheit ist das erste Element, das zur Verwunderung, zum Staunen führt. Aber nicht allem Fremden gegenüber empfinden wir das Staunen, die Verwunderung; sondern nur einem solchen Fremden gegenüber, mit dem wir uns doch in einer gewissen Weise verwandt fühlen, so verwandt fühlen, dass wir uns sagen: es ist etwas in dem Ding oder Wesen, das jetzt noch nicht in mir ist, das aber in mich übergehen kann. Also zugleich verwandt und fremd fühlen wir uns einer Sache gegenüber, die wir durch Verwunderung, durch ein Staunen zunächst erfassen."

Der nichtverstehende Adolf Arenson befand sich in der beneidenswerten Lage eines Mannes, der ganz von der Überzeugung erfüllt ist: die Rechtfertigung der vom Lehrer gespendeten Mitteilungen bestehe in nichts anderem als im Inhalte dieser Mitteilungen selbst. Die Leute mit Universitäts-Nimbus sind nicht ohne weiteres in der gleichen glücklichen Lage. Einmal haben sie sich das Staunen abgewöhnt. Und dann ist beobachtet worden, dass sie streckenweise den Ehrgeiz haben, den anthroposophischen Lehrer dadurch zu honorieren, dass sie ihm freundlichst attestieren, es sei bei gutem Willen möglich, ihn vom Standpunkte der Universität zu tolerieren. Während Arenson von der elementaren Empfindung erschüttert ist: es sei da ein bisher unvorstellbares Neues in die Welt getreten, neigen die vom Glanze der Universität Bestrahlten eher zu der Ansicht: da jegliches Neue jedenfalls der Sanktionierung durch die Universität bedürfe, sei es zweckmäßig, erst einmal die Theosophie und Anthroposophie in der Form des Selbstverständnisses und der Selbstoffenbarung von anthroposophischen Akademikern zu haben. Dabei können die Herren den verehrten Lehrer gelegentlich auch darüber aufklären, was er eigentlich habe sagen wollen. Oder sie können ganz allgemein die Mitteilungen des Geistesforschers einem „erkenntniswissenschaftlichen" Examen unterwerfen. – Ich würde es als ein hoffnungsreiches Ereignis betrachten, wenn gelegentlich von den in Betracht kommenden Leuten die Botschaft ertönte: „Wir haben den Anhang 6 in 'Von Seelenrätseln' vielleicht noch nicht ganz verstanden." Das könnte der Beginn einer Epoche sein. Es wäre wünschenswert, dass die Frage, ob geschwindelt werden solle, vermieden werden könnte.

Es war gegeben, dass die das Staunen anregende Lehre Rudolf Steiners, dass es keine motorischen Nerven gibt, die anthroposophischen Mediziner in erster Linie beunruhigen musste. Die Frage der fälschlich so genannten „motorischen Nerven" wurde bis 1950 nicht behandelt. Dr. med. F. Husemann hatte 1921 einen vortrefflichen Aufsatz publiziert, der sich orientierend umsieht, welche Belege in den neueren Forschungsmaterialien zu finden sind, um die Vorstellung von der Nichtexistenz der motorischen Nerven eventuell plausibel oder mindestens nicht ganz unerträglich zu machen. Dagegen lag es Husemann ganz fern, in der Abrogation der motorischen Nerven ein bedeutsames und zentrales Problem *weltanschaulicher* Art zu erfassen. Der Aufsatz Husemanns wurde 1948 von der Arbeitsgemeinschaft anthroposophischer Ärzte in Stuttgart im „Ärzte-Rundbrief" Nr. 9/10 wieder gedruckt. Erst im Jahre 1950 gibt es dann im Anthroposophisch-Medizinischen Jahrbuch I zwei Aufsätze zum Thema der motorischen Nerven, vermutlich – oder offensichtlich – im Zusammenhang mit der im gleichen Jahre erschienenen vierten Auflage von Viktor von Weizsäckers „Gestaltkreis". Und im Anthroposophisch-Medizinischen Jahrbuch III (1952) gibt H. Witzenmann in seinem Aufsatze „Erkenntniswissenschaftliche Bemerkungen zum Bewegungsproblem" sozusagen die philosophische Abrundung der von den anthroposophischen Ärzten erarbeiteten Ergebnisse über die Nichtexistenz der motorischen Nerven. Da H. Witzenmann in seinem „erkenntniswissenschaftlichen" Beitrage seine Ansicht über die motorischen Nerven ziemlich wörtlich aus der Arbeit von Dr. Gerhard Kienle „Die Grundfragen der Nervenphysiologie" (Manuskript-Vervielfältigung, Tübingen 1950) entnimmt, kann ich mich hier darauf beschränken, einen Passus aus meinem Briefe an Herrn Dr. Kienle vom 23. Februar 1953 wiederzugeben: „Zur vorläufigen Präzisierung meiner Annahme, dass Ihre Verlautbarung über die motorischen Nerven den

Wissenschaftsernst Rudolf Steiners verhöhnt, das Folgende: Sie sagen, es obliege den motorischen Nerven, die Organe zu finden, damit der Wille weiß, wo er eingreifen kann. Dieser Gedanke ist ein Blödsinn. Und nun behaupten Sie (S. 50), Rudolf Steiner habe als erster diesen Blödsinn ausgesprochen." – R. ST. sagt in Wahrheit – ich greife eine Stelle aus vielen ähnlichen heraus – : „Die motorischen Nerven dienen nicht zur Erregung des Willens, sondern sie dienen dazu, den Vorgang, der durch den Willen ausgelöst wird, wahrzunehmen." (Vortrag Nr. 3240) Kienle-Witzenmann behaupten genau das Gegenteil: nicht der durch den Willen ausgelöste Vorgang werde wahrgenommen, sondern der motorische Nerv habe für den Willen die Stelle aufzufinden, damit der Wille wisse, wo er eingreifen könne. – Wenn R. ST. sagt, das mit Hilfe des vermeintlichen „motorischen" Nerven Wahrgenommene „dient der Kontrolle der Bewegung" (Psychosophie, S. 81), so kann man sich das in Betracht Kommende durch die Analogie verdeutlichen: „Das Gewissen dient der Kontrolle der Handlung", was ja bekanntlich im Sinne Rudolf Steiners heißt, dass sich *nach der geschehenen Tat* das Gewissen regt. Ein dirigierend voraussehendes Gewissen im Sinne reaktionärer Ethik gibt es nicht; an die Stelle der dilettantischen Annahme eines vorhersehenden Gewissens tritt in der „Philosophie der Freiheit" die „moralische Phantasie".

Herr H. Witzenmann exponiert sich „erkenntniswissenschaftlich". Ich darf mir erlauben, meine Ansicht über das Erkenntniswissenschaftliche bei H. Witzenmann zum besten zu geben. Ich benütze dazu einen Vergleich aus dem Gebiete der heutigen Theologie. Es gibt innerhalb des gegenwärtigen Protestantismus die fast unglaubliche Tatsache, dass bestimmte Theologen sagen: Was auch immer in Palästina mit dem Christus geschehen sein mag, und was immer für mythologisch gefärbte Berichte darüber überliefert sind: das Geschehene bedeutet für uns nur ein Symbol oder einen Ausdruck für etwas, was sich jetzt und hier in uns ereignet. Der Christus-Mythus symbolisiert dasjenige, was *wir* als unsere Selbsterkenntnis betreiben. Der Vortrupp dieser Theologie der liberalen Tröpfe ist schweizerisch geharnischt. In Deutschland leitet der Theologieprofessor R. Bultmann die „Entmythologisierung" des Christentums. Aber erst der Basler Pfarrer und Theologieprofessor Fritz Buri beschreitet die Wege Bultmanns konsequent zu Ende. Für Fritz Buri ist der Christus-Mythus einfach: „Ausdruck für eine besondere Art des menschlichen Selbstverständnisses". Merkwürdigerweise besteht nun ein *motiviertes anthroposophisches Interesse* an dem originellen Herrn Buri, der des Sonntags von der Kanzel des Basler Münsters amtliches christliches Kerygma agiert. Nach der Ansicht Buris über das von der christlichen Kirche gemeinte „*Heilsgeschehen*" besteht dieses Heilsgeschehen „nicht in einer einmalig geschehenen Heilstat in Christus, sondern darin, dass es sich ereignen kann, dass Menschen sich in ihrer Eigentlichkeit so verstehen können, wie es im Christus-Mythus zum Ausdruck gekommen ist". Das Verhalten des liberalen Troubadours Fritz Buri entspricht nun genau dem Verhalten der Anthroposophen zu der Tatsache „Die Philosophie der Freiheit". Die Meinung der Anthroposophen ist (in der sinngemäßen Transformierung des obigen Buri-Satzes): Das Heilsgeschehen der „Philosophie der Freiheit" besteht nicht darin, dass sie die einzigartige Offenbarung einer einzigartigen Persönlichkeit ist, sondern darin, dass Anthroposophen sich so verstehen, wie es in der „Philosophie der Freiheit" zum Ausdruck gekommen ist.

Die liberalen Tröpfe, die sich ihren Gott in der Weise vorlügen, dass sie dem Gotte freundlichst gestatten, symbolischer Ausdruck des sich selbst offenbarenden Liberaltropfes zu sein, sind in ethischer Hinsicht nicht besonders interessant; der Liberaltropfismus ist bloß dumm, und nicht dümmer als der Atheismus der Universität im allgemeinen. Eine ethische Beurteilung des Liberaltropfismus verlohnt sich nicht. Auf dem Felde des Anthroposophischen wird das anders. Rudolf Steiner sagte seinen Hörern – und hier wird die ethisch gefärbte Frage akut, ob man es hören *will* –: „Euer Ich ist eigentlich dadurch bemerkbar, dass es nicht da ist" (Vortrag Nr. 4544). Wenn nun das Ich eines anthroposophischen Erkenntniswissenschaftlers und Protektors der „Philosophie der Freiheit" zu philosophieren anfängt, dann ist ernstlich die Frage des Bösen gestellt. Es ist ein strammer Irrtum, das Böse etwa im Stile dieser Nachkriegszeit in Oradour oder in Dachau zu studieren; das Böse in der Erkenntniswissenschaft ist viel gehaltvoller. Wenn mir durch die Offenbarung der Geisteswissenschaft in Aussicht gestellt ist, dass ich etwas werden kann, was ich noch nicht bin, nämlich ein reelles Ich, dann würde ich mich ethisch fragwürdig verhalten, wenn ich zum Ausdruck bringe, dass sich der Besitz eines Ich für mich kraft Liberaltropfismus von selbst versteht.

Das Erkenntniswissenschaftliche des Herrn H. Witzenmann steht unter der Direktive jener philosophischen Gruppenseele, die wir seit lange beobachten und die von jeher der Versuchung erliegt, sich auf den Boden der Argumentation zu stellen: es werde in der „Philosophie der Freiheit" in allgemeinphilosophischer Weise gezeigt und beschrieben, was Erkennen der Wirklichkeit und entsprechendes Handeln sei; und es handle sich für Anthroposophen nun darum, die von R. ST. beschriebene Idee der Erkenntnis zu *verwirklichen.* Man ist also der Meinung, man habe Rudolf Steiner nachzuäffen in seiner Praxis, aus dem Gesichtspunkt der Absolutheit des Denkens die Dinge der Welt als das Ineinander von Wahrnehmung und Begriff zu verstehen. Aber die von Rudolf Steiner an sich beobachtete und beschriebene Erkenntnis ist eben keine Gebrauchsanweisung. Was Rudolf Steiner *kann,* dürfte nicht ohne weiteres in das Können von beliebigen Subjekten fallen. Die Malart Lionardos ist schließlich auch keine Idee, die von Beliebigen zu „verwirklichen" wäre. Da niemand gekränkt wird durch den Gedanken, dass das Genie Lionardos nicht als Rezept zu gebrauchen ist, so braucht auch niemand gekränkt zu sein bei dem Gedanken, dass das Können Rudolf Steiners ein Privilegium und nicht eine Gebrauchsanweisung ist.[1] – Falls

1 In einem mir bisher nicht bekannten Briefe Rudolf Steiners an Rosa Mayreder, der während der Drucklegung dieser Broschüre veröffentlicht wurde (Briefe, Bd.II, Verlag der Rudolf Steiner-Nachlassverwaltung), heißt es zur Charakteristik der „Philosophie der Freiheit": *„Sie sagen mir: das Buch ist zu kurz; es hätte aus jedem Kapitel ein Buch gemacht werden sollen. Ich kann dieser Bemerkung, sofern sie objektiv gemeint ist, nicht widersprechen. Die Erklärung dafür ist aber in meiner Subjektivität gegeben. I c h l e h r e nicht; ich erzähle, was ich innerlich durchlebt habe. Ich erzähle so, wie ich es gelebt habe. Es ist alles in meinem Buche persönlich gemeint. Auch die Form der Gedanken. Eine lehrhafte Natur könnte die Sache erweitern. Ich vielleicht auch zu seiner Zeit. Zunächst wollte ich die Biographie einer sich zur Freiheit emporringenden Seele zeigen. Man kann da nichts tun für jene, welche mit einem über Klippen und Abgründe wollen. Man muss selbst sehen, darüberzukommen. Stehenbleiben und erst anderen klar machen: wie sie am leichtesten darüberkommen, dazu brennt im Innern zu sehr die Sehnsucht nach dem Ziele. Ich glaube auch, ich wäre gestürzt: hätte ich versucht, die geeigneten Wege sogleich für*

ich das Bedürfnis habe, mir diesen Gedanken durch Rudolf Steiner bekräftigen zu lassen, so kann dieses Bedürfnis befriedigt werden: R. ST. schrieb 1897, also vier Jahre nach dem Erscheinen der „Philosophie der Freiheit": „Man kann ... die Gedanken eines anderen Menschen nicht als solche betrachten..., sondern man soll sie als die Verkündigung seiner Individualität ansehen. Eine Philosophie kann niemals eine allgemeingültige Wahrheit überliefern, sondern sie schildert die inneren Erlebnisse des Philosophen, durch die er die äußeren Erscheinungen deutet." (Einleitung zu Goethes „Sprüchen in Prosa", Goethes Naturwissenschaftliche Schriften, Bd. IV, 2. Abt.)

Wer es für seine Aufgabe hielte, den Erkenner R. ST. nachzuäffen, könnte leicht in die Gefahr kommen, komisch zu sein. Wenn H. Witzenmann die Behauptung aufstellt, im Erkenntnisakte der Anthroposophen werde die *Wirklichkeit*

---

andere zu suchen. Ich bin meinen gegangen, so gut i c h konnte; hinterher habe ich d i e s e n Weg beschrieben. Wie andere gehen sollen, dafür könnte ich vielleicht hinterher hundert Weisen finden. Willkürlich, ganz individuell ist bei mir manche Klippe übersprungen, durch Dickicht habe ich mich in meiner nur mir eigenen Weise durchgearbeitet. Wenn man ans Ziel kommt, weiß man erst, dass man da ist. Vielleicht ist aber überhaupt die Zeit des Lehrens in Dingen, wie ich das meine, vorüber. Mich interessiert die Philosophie fast nur noch als Erlebnis des Einzelnen." – Es liegt mir nichts ferner, als mit Erkenntniswissenschaftlern in eine „Diskussion" einzutreten. Ich lege meine Ideen vor; man mag sie ansehen oder nicht ansehen. Bevor an eine Unterhaltung zu denken ist, muss Klarheit bestehen über den Gegenstand der Geisteswissenschaft. Ich habe, höflich gesagt, keine Zeit für Unterhaltungen, die außerhalb der Plattform stattfinden, auf der Rudolf Steiner als der Gegenstand der Geisteswissenschaft begriffen wird.

gebildet (Anthroposophisch-Medizinisches Jahrbuch III, S. 236), die dann also vorher noch gar nicht bestanden hätte, so finde ich diesen konfusen Gedanken, über den sich jede philosophische Diskussion erübrigt, wenigstens komisch. Da gibt es die Dinge der Welt; sie befinden sich in einem bedauernswerten Zustand; sie sind unwirklich und warten darauf, dass jemand kommt und ihnen zur Wirklichkeit verhilft. Und nun kommt die anthroposophisch-philosophische Gruppenseele, nimmt sich der notleidenden Dinge an, die auf ihre Wirklichkeit warten, und besorgt ihnen die „Wirklichkeitsbildung". Dieses hehre Tun kann an einem Beispiele erläutert werden: Als Ding unter Dingen gibt es das Buch „Die Philosophie der Freiheit". Um dieses Buchding erkennend zu begreifen, hat man es kraft Absolutheit des Denkens zu analysieren als eine Zusammenfügung von Wahrnehmung und Begriff. In die Wahrnehmungshälfte fällt, was ich als des Lesens Kundiger als gedruckten Text sehe. Das ist aber nur die eine Hälfte der Wirklichkeit des Buchdinges, dem man seine „Wirklichkeitsbildung" zu besorgen hat. Damit die halbe Wirklichkeit des bloß gesehenen Buchdinges „Philosophie der Freiheit" eine ganze Wirklichkeit werde, hat man als anthroposophischer Wirklichkeitsbildner den Begriff des Dinges, das heißt hier: den Inhalt des Buches frei hinzuzuerschaffen, wodurch dann das Buch seine totale Wirklichkeit empfängt. Dabei entsteht noch die Frage, ob man auch, da der Inhalt nach der ausdrücklichen Feststellung Rudolf Steiners die Offenbarung einer Individualität ist, die Wirklichkeit der Persönlichkeit des Verfassers zu erzeugen hat. – Man sieht an diesem fatalen Exempel leicht, dass es sich bei der erkenntniswissenschaftlichen Protektion der „Philosophie der Freiheit" um die gleiche Methode handelt, nach welcher im 19. Jahrhundert die „klug gewordenen Liberalen" ein anderes Buchding, die Bibel, der erkenntniswissenschaftlichen „Wirklichkeitsbildung" unterwarfen. – Wir sind seit Jahrzehnten Zuschauer, wie von der Gruppenseele blindlings nach dem karikierten Rezept philosophiert wird. Man huldigt unbedenklich der Ansicht, in „Wahrheit und Wissenschaft" und in der „Philosophie der Freiheit" sei eine allgemeine Idee der Erkenntnis aufgestellt, die sich in beliebigen Subjekten verwirkliche. Diese Ansicht ist falsch und hat in die Irre geführt. In der Voraussicht der Kapriolen der philosophierenden Gruppenseele hat der Schöpfer der Anthroposophie dafür gesorgt, dass man nicht in die Irre zu gehen braucht. Das gegenüber dem Buchding „Die Philosophie der Freiheit" fingierte Problem ist nämlich als Problem abgeschafft, seit es in der Sinneslehre der Geisteswissenschaft (seit dem historischen Jahre 1909) den „SINN FÜR GEDANKENERFASSUNG" gibt, also den Sinn für die Erfassung der Gedanken eines *Andern*, der man selbst nicht ist. Dieser „Vorstellungssinn", „Gedankensinn" oder „Sinn für Gedankenerfassung" dispensiert die philosophierende Gruppenseele davon, den „Begriff" der „Philosophie der Freiheit" zu produzieren und also Schöpferin des Gedankeninhaltes des Buches zu sein.

Man greift sich an den Kopf und frägt, wann wohl einmal das „Erkenntniswissenschaftliche" geneigt sein werde, zur Kenntnis zu nehmen, dass es die anthroposophische *Sinneslehre* gibt, durch die nun doch einige „erkenntniswissenschaftliche" Sorgen überflüssig werden.

Das Erkenntniswissenschaftliche bei H. Witzenmann beruht auf der Voraussetzung, dass es die anthroposophische Sinneslehre *nicht* gibt. Dadurch ist er genötigt, sich mit Fragen zu plagen, die durch die Sinneslehre Rudolf Steiners sinnlose Fragen geworden sind. Zum Beispiel „das Gesicht eines anderen Menschen sehen" heißt bei Anerkenntnis der anthroposophischen Sinneslehre nicht, dass ich Farbflecken (Wahrnehmung) sehe und dass ich zu dem bloß Wahrgenommenen den allgemeinen Begriff „menschliches Gesicht" hinzufüge. Sondern das Wirkende bei dem Vorgange „das Gesicht eines anderen Menschen sehen" ist die EMPFINDUNGSSEELE, die „merkwürdigerweise gedanklicher Natur" ist. Die „Empfindungsseele" Rudolf Steiners enthebt mich der Notwendigkeit, voranthroposophische miserable Philosophie zu machen. Es ist natürlich philosophisch berechtigt, zu fragen, welchen Anteil an einem Erfahrungsgegenstande die sinnliche reine Wahrnehmung und welchen Anteil das begriffliche Element hat. Dass beide Elemente an der Struktur des Gegenstandes beteiligt sind, ist nicht etwa eine spezifische Lehre Rudolf Steiners, sondern eine allgemeine und ziemlich selbstverständliche Einsicht, die dann allerdings in der „Philosophie der Freiheit" eine unerhört neue Bedeutung bekommt, sofern deren Monismus und die Absolutheit des Denkens das Zusammenkommen von Wahrnehmung und Begriff *außerhalb* des persönlichen Erkenntnisaktes (der in der „Philosophie der Freiheit" beschrieben ist) *ausschließen,* und damit jede „Metaphysik" verunmöglichen. – Ein Philosoph, der sich mit der sorgfältigen Trennung der reinen Wahrnehmungsbestandteile von den begrifflichen Bestandteilen im Erkenntnisgegenstande befasst, ist Franz Brentano. In meinem Briefe vom 2. März an Herrn Dr. Kienle habe ich gezeigt, wie Kastil-Brentano den Vorgang „das Gesicht eines anderen Menschen sehen" analysiert. Er unterscheidet streng das, wie er meint, „rein" Wahrgenommene, das dann durch das hinzugefügte Begriffliche erst „gedeutet" werden müsse.

Ich habe gezeigt, dass der Effekt dieser Brentanoschen Analyse einfach verheerend ist.

Auch der erkenntniswissenschaftliche H. Witzenmann widmete sich der Frage, wie Wahrnehmungselemente und Begriffliches sorgsam zu unterscheiden und zu einen sind. H. Witzenmann schreibt (Jahrbuch III, S. 236): „Dem Verständnis des Erkenntnisprozesses, wie er hier im Anschluss an die Darstellung R. Steiners entwickelt wurde, stellt sich neben den dabei auftretenden inneren Schwierigkeiten vor allem das folgende Hindernis entgegen. Einen großen Teil unserer Wirklichkeitsbildung, d. h. der Vereinigung von Wahrnehmungen und Begriffen haben wir bereits in früher Kindheit vollzogen. Wir leben daher dort, wo wir wahrzunehmen glauben, bereits in einer begrifflich reich durchformten Welt, die uns selbstverständlicher Besitz ist und in ihrem durchschnittlichen Niveau mit dem Wirklichkeitsbesitz der in einer Epoche und einem Kulturkreis zusammenlebenden Menschen übereinstimmt. Diese Tatsache verführt uns immer wieder dazu, den Anteil von Wahrnehmung und Begriff an unseren Bewusstseinsinhalten unscharf zu scheiden und an ein Übergewicht des Wahrnehmungsgehaltes zu glauben, wo der Anteil des Denkens überwiegt. Aus diesem Grunde wird der heutigen Menschheit das Verständnis für das Wesen der Wirklichkeit und der Erkenntnis sowie einer großen Zahl damit zusammenhängender Probleme überaus schwer."

Ja, die Menschheit hat es schwer, und ich meine in aller Bescheidenheit der Menschheit empfehlen zu sollen, den anthroposophisch-geisteswissenschaftlichen Begriff der EMPFINDUNGSSEELE gelegentlich zur Kenntnis zu nehmen. Und nun möchte ich dem „Erkenntniswissenschaftlichen" bei H. Witzenmann ein handfestes Erkenntnistheoretisches entgegenstellen. Es gibt glücklicherweise die sichere Wegleitung, um dem Infantilismus der anthroposophisch-philosophischen Gruppenseele nicht zu verfallen. Dr. Carl Unger lieferte diese Wegleitung in den Aufsätzen, die unter dem Titel „Die Grundlehren der Geisteswissenschaft" in zweiter Auflage vorliegen. Man braucht sich die Empfindung nicht zu verbieten, dass die Aufsätze Ungers eigentlich *zwei* Autoren haben, Unger und einen Zweiten, der dem schreibenden Unger gleichsam über die Schulter geblickt hat. Diese Aufsätze sind aus der Intimität eines Lehrer-Schüler-Verhältnisses erwachsen, das einzigartig ist.

Dr. Carl Unger versteht unter Erkenntnistheorie: die richtige Aneignung der anthroposophischen Weisheit. Der Philosoph Unger eignet sich aus dem Arsenal der Philosophie die glänzendsten Waffen an, aber er gebraucht diese Waffen – Präzision und Sauberkeit der Begriffe, Denkvertrauen, Selbstverantwortlichkeit – im Dienste einer völlig neuen und über-philosophischen Aufgabe. Er schuf eine „Erkenntnistheorie". Darunter versteht er die philosophische Methode, den Betrachter der Weisheit der Anthroposophie als selbstverantwortlichen Denker zu rechtfertigen. Indem Unger nicht etwa im üblichen Stil das Verhältnis des erkennenden Subjektes zu einer anonymen Wirklichkeit untersucht, sondern ausdrücklich das Verhältnis des Denkenden zur „Weisheit der Anthroposophie", also einem Gedankenkosmos, dessen Denksubjekt „Okkultist" zu sein hat, stellt sich seine Erkenntnistheorie als etwas ganz Besonderes neben die sonstigen Erkenntnistheorien hin. Dr. Unger spricht das Programm seiner Erkenntnistheorie klar aus: „Von der Geisteswissenschaft – sagt er – wird uns das höhere Selbst der ganzen Menschheit geschildert." Was uns geschildert wird, „kann uns ein Ansporn sein auf dem Wege, den sie uns weist, wenn wir imstande sind, aus der Selbsterfassung des eigenen Geistes die Ideen zu entwickeln, die uns zu einem Verständnis dieser erhabenen Lehre führen können." Ungers Erkenntnistheorie unterscheidet sich *prinzipiell* von allen bisherigen Erkenntnistheorien, weil sie das Problem, wie sich das Denken zur Wirklichkeit verhalte, aus der inhaltlich bestimmten „Weisheit" der Wirklichkeit *ableitet*. Unger ist sich vollkommen klar darüber, dass *unser* erkenntnistheoretisches Selbstverständnis nicht darin bestehen kann, dass wir einfach Rudolf Steiners Erkenntnistheorie abschreiben, wenn es sich auch für Unger von selbst versteht, dass die „Philosophie der Freiheit" sein Ausgangspunkt und Leitfaden ist.

Dr. Ungers Erkenntnistheorie arbeitet mit dem Begriffspaar „Ich" und „Nicht-Ich". Unter „Ich" versteht er den denkend selbstverantwortlichen Betrachter der „Weisheit der Anthroposophie". Unter dem „Nicht-Ich" versteht er das Wesen der Welt (Natur), das dem Okkultismus als personale Entität „gegeben" ist. Wenn Unger den Begriffsapparat Fichtes benützt, so hat er sich zugleich – und das ist von entscheidender Bedeutung – das Postulat der erkenntnistheoretischen Schlussbetrachtung von „Wahrheit und Wissenschaft" zu eigen gemacht: dass der subjektive Idealismus (Fichte) sein „Ich" als Urprinzip fallen lassen muss. Die Erfüllung dieser Forderung durch Unger hat schlicht den Sinn, dass der Erkenntnistheoretiker Unger das Nicht-Ich nicht etwa „setzt"; sondern er wird an der „Weisheit der Anthroposophie" zum denkenden Betrachter des *sich mitteilenden* Nicht-Ich. Der Gegensatz zu Fichte ist impressionierend. Nicht nur „setzt" Unger nicht das Nicht-Ich, sondern er *e n t s t e h t* als Ich am und aus dem Nicht-Ich.

Der monumentale Charakter der Erkenntnistheorie Dr. Ungers wird mir anschaulich, wenn ich diese besondere Denklehre als Paraphrase über die Erzählung vom „Sündenfall" zu lesen verstehe. Nach dem Weltplane des Werdens erhielten einst die ich-losen Menschen die Fähigkeit der Ich-Vorstellung. Das war im Hinblick auf das den Menschen vorgesetzte Entwicklungs-Ziel ein Provisorium. Das eigentliche Ziel ist, dass die Menschen fähig werden, nicht nur die *Vorstellung* des Ich zu haben, sondern *denkend* „Ich" zu *sein*, d. h. den *Begriff* des Ich selbst hervorzubringen. Die künftige Fähigkeit des Menschen, denkend „Ich" zu sein, ist ein *Geschenk* an die Menschen. Das Geschenk ist verursacht von dem Wesen, das bei Unger „Nicht-Ich" heißt. Dieser schenkende Verursacher des „reinen Ich" übt die Resignation, nur dann zu kausieren, wenn die Beschenkten es *selbst wollen*. Das geschenkte „Ich" als sich selbst hervorbringend (ein logischer Widerspruch, aber ein sinnvoller Widerspruch!) ist zunächst als „Fähigkeit zu denken" die rein formelle „Freiheit" der Menschen. Damit die Freiheit einen *Inhalt* bekomme, kann sie an der „Weisheit der Anthroposophie" den Zusammenhang der „Ich"-Entstehung mit dem gesamten Welt-Werden erfahren. Was befähigte und befähigt das „Ich", sich dem „Nicht-Ich" *entgegenzusetzen*? Die Kraft der Entgegensetzung liegt nur scheinbar im „Ich". Seiner Wirklichkeit nach stammt das „Böse" aus dem Nicht-Ich, und die Kraft der Loslösung aus dem Nicht-Ich ist die „religiöse Gabe" (Zyklus 34, 1, 3) des „Sündenfalles". Die gleiche Weltkraft, welche die Loslösung des Ich aus dem Nicht-Ich ermöglichte, wird auch ermöglichen, dass das Ich in freier Einsicht seine Herkunft aus dem Nicht-Ich begreifen wird, damit das Ich mit dieser Einsicht zum Teilhaber an den Weltverantwortlichkeiten des Nicht-Ich werden kann. Das ist in freier Umschreibung der Inhalt der Erkenntnistheorie Carl Ungers. Es kann jetzt verständlich sein, wenn gesagt wurde: die Erkenntnistheorie Ungers sei die sichere Wegleitung, um die Kinderkrankheiten der philosophierenden Gruppenseele zu vermeiden.

H. Witzenmann hat seinen Aufsatz im Anthroposophisch-Medizinischen Jahrbuch III (1952) zu dem Zwecke geschrieben, um seine Meinung zu begründen, Gegenstände (und Bewegungen) seien Urteile. „Vielmehr sind sowohl Bewegungen als auch Gegenstände Urteile, also Verbindungen von Wahrnehmungen und Begriffen." Herr Witzenmann gibt zu verstehen, dass er diese Lehre aus der „Philosophie der Freiheit" bezogen habe. Leider hatte er aber mit dem Studium dieser „Philosophie der Freiheit" bisher noch kein Glück. Er meint nämlich, der Erkenntnisakt Rudolf Steiners sei auch „Urteil" im philosophischen Sinne. Er sagt als Interpretation des in der „Philosophie der Freiheit" beschriebenen Erkenntnisaktes: „denn die bewusste Zusammenfügung von Wahrnehmung und Begriff geschieht im Urteil". Ei, ei! Der Herr Philosoph dekretiert, im Erkenntnisakte (Rudolf Steiners?) würden von außen her Urteile über die Dinge und die Welt gefällt. Aber was liegt denn schon den Dingen und der Welt am „Urteile" von Philosophen! Es wäre schade um die für die „Philosophie der Freiheit" aufgewendete Druckerschwärze, wenn sie wirklich die Trivialität enthielte, die Zusammenfügung von Wahrnehmung und Begriff bedeute ein philosophisches „Urteil". Herr Witzenmann hatte einfach noch kein Glück beim Studium der „Philosophie der Freiheit". Es ist doch eine ziemlich derbe Zumutung, der Theosoph Rudolf Steiner (der, wie im Vorwort zur Erstausgabe der „Theosophie" zu lesen ist, von den beiden Büchern „Philosophie der Freiheit" und „Theosophie" sagte, sie „streben in verschiedener Art nach dem gleichen Ziele") sollte derart ohne Empfinden sein für die Not der Welt, die endlich SICH entdecken will, dass er wiederum, wie schon bisher alle andern, in die Saiten der alten Philosophenleier gegriffen hätte, um Urteile *ü b e r* die Welt zu verkaufen. Nein, ich denke doch, dass der in der „Philosophie der Freiheit" beschriebene Erkenntnisakt deswegen nicht philosophisches „Urteil" ist, weil *die Welt selbst* SICH auseinanderlegt in Wahrnehmung und Begriff, und weil die Zusammenfügung von Wahrnehmung und Begriff ein unmittelbarer Akt der Welt selbst ist, und also nicht ein Urteil *ü b e r* die Welt. Mit dem Urteilen *über* die Welt haben sich seit zweitausend Jahren die Philosophen befasst; das arroganteste und bekannteste Urteil der hochwohlmögenden Philosophen ist die Prädizierung des Göttlichen und Wirklichen als „Sein"; auf dieser Arroganz beruht die traditionsschöne „christliche Philosophie". Das ist jetzt vorbei. Es handelt sich jetzt um das Folgende: Weil sonst doch niemand die Verantwortung für die Welt trägt, übernimmt jetzt die Welt selbst diese Verantwortung, beginnend in dem in der „Philosophie der Freiheit" beschriebenen Erkenntnisakte.

Es ist somit die Frage gestellt, ob man die „Philosophie der Freiheit" als Einladung zu anthroposophisch-„erkenntniswissenschaftlichen" Häkelarbeiten betrachten solle. Auf was für einem fernen Stern leben eigentlich diese erkenntniswissenschaftlichen Scherzbolde? Da gibt es seit einem halben Jahrhundert inmitten Deutschlands und von Deutschland in die ganze Welt ausstrahlend die mächtige philosophische Bewegung der PHÄNOMENOLOGIE, deren Programm die Überwindung des Kantianismus ist, und deren Hauptzweck die Widerlegung der Kantischen Irrlehre ist, die Gegenstände seien Urteile. Ist diese Tatsache derart uninteressant, nachdem Rudolf Steiner einen Lebensgang lang den Kantianismus als ein Unglück der Menschheit gekennzeichnet hat, dass man ungeniert die alte Kantianerlehre offerieren mag: „Gegenstände sind Urteile." Ich bin nicht der Ansicht, Edmund Husserl habe mit der von ihm geschaffenen Phänomenologie zur Erhellung der Frage „Was ist Erkenntnis?" beigetragen, aber darauf kommt es hier auch gar nicht an; Husserl ist als berühmter Erforscher des „Bewusstseins" soweit als möglich von der theosophischen Grunderkenntnis entfernt, dass Bewusstsein ein KÖRPER ist, nämlich der Gott Menschenkörper. Wenn R. ST. seit 1880 als Statthalter der vollumfänglichen Menschheit *Goethes* im bewusstesten Kampfe gegen Kant den Phänomenologismus und die Phänomenologie gegen eine sture Universität vertreten hat, und wenn die Stuttgarter akademischen Schüler Rudolf Steiners seit 1920 mit Eifer die Phänomenologie als ihre Methode propagieren, dann wird Verwirrung gestiftet, wenn eine gehäkelte Erkenntniswissenschaft im Jahre 1952 in einem Anthroposophisch-Medizinischen Jahrbuch mit der kantianischen Behauptung aufwartet: „Gegenstände sind Urteile". Nein, der Gegenstand Rudolf Steiner ist „gegeben", er ist ohne das Zutun H. Witzenmanns einfach da; der Gegenstand der Geisteswissenschaft ist also nicht von der urteilenden Gönnerschaft von Erkenntniswissenschaftlern abhängig. Da Gegenstände nicht Urteile sind, was sind sie dann? Nun, Gegenstände sind *ICH*, sie sind es, lange bevor *ich* (der Schreibende) mich gegenständig – feindselig oder in staunender Offenheit – zu ihnen verhalte. – „Aber diesen Satz hat ja bis heute keiner noch verstanden", sagte R. ST. am 16. Juli 1921 (Vortrag Nr. 4544), nämlich den Bologna-Satz, dass das *wahre* Ich draußen bei den wahrgenommenen Dingen der Welt ist. – R. ST.: „Unser Ich ist für das gewöhnliche Bewusstsein eigentlich dadurch bemerkbar, dass es für das Bewusstsein nicht da ist; es ist schon da, aber für das Bewusstsein ist es nicht da. Es fehlt einem etwas an der Stelle, und daher sieht man das Ich. Es ist wirklich so, wie wenn man eine weiße Wand hat und eine Stelle nicht mit Weiß bestrichen hat, – dann sieht man das Ausgesparte. Und so sieht man als das Ausgelöschte eigentlich unser Ich im gewöhnlichen Bewusstsein. Und so ist es auch während des Wachens: das Ich ist eigentlich zunächst immer schlafend; aber es scheint durch als Schlafendes durch die Gedanken, die Vorstellungen und durch die Gefühle, und daher wird das Ich auch im gewöhnlichen Bewusstsein wahrgenommen; d. h. es wird vermeint, dass es wahrgenommen werde. Wir können also sagen: Unser Ich wird eigentlich zunächst nicht unmittelbar wahrgenommen. – Nun glaubt eine vorurteilsvolle Psychologie, Seelenlehre, dass dieses Ich im Menschen drinnen sitzt; da, wo seine Muskeln sind, sein Fleisch ist, seine Knochen sind, und so weiter, da sei auch das Ich drinnen. Wenn man das Leben nur ein wenig überschauen würde, so würde man sehr bald wahrnehmen, dass es nicht so ist. Aber es ist schwer, eine solche Überlegung vor die Menschen hinzubringen [wehe, wenn die Menschen gar noch Fachleute der Erkenntniswissenschaft sind]. Ich habe es im Jahre 1911 schon versucht in meinem Vortrage auf dem Philosophen-Kongress in Bologna. Aber diesen Vortrag hat bis heute keiner noch verstanden. Ich habe da versucht zu zeigen, wie es eigentlich mit dem Ich ist. Dieses Ich liegt eigentlich in jeder Wahrnehmung, das liegt eigentlich in all dem, was Eindruck auf uns macht. Nicht da drinnen in meinem Fleische und in meinen Knochen liegt das Ich, sondern in demjenigen, was ich durch meine Augen wahrnehmen kann. Wenn Sie irgendwo eine rote Blume sehen – in Ihrem Ich, in Ihrem ganzen Erleben, das Sie ja haben, indem Sie an das Rot hingegeben sind –, können Sie ja das Rot von der Blume nicht trennen. Mit all dem haben Sie ja zugleich das Ich gegeben." Anders ist es bei Erkenntniswissenschaftlern. Wenn H. Witzenmann Rotes sieht, dekretiert er, das Rote sei eine halbe Wirklichkeit, und dann ist der Erkenntniswissenschaftler so freundlich, durch seine „Wirklichkeitsbildung" dem notleidenden Roten nachzuhelfen. H. Witzenmann ist eben der Ansicht, die „sympathisierende Übernahme des von R. Steiner Dargestellten" verlohne sich nicht (vgl. Anthroposophisch-Medizinisches Jahrbuch III, S. 245).

Wenn H. Witzenmann sagt, Gegenstände „ *s i n d* " Urteile, so muss ihm bedeutet werden, dass diese These philosophisch absurd und undiskutabel ist. Überall, wo man halbwegs zureichende Vorstellungen über philosophisches Welterkennen hat, wird man die Anthroposophen für Halbnarren halten müssen, wenn sie mit dem Anspruch auftreten, sie seien die Schöpfer des Seins der Dinge, oder das Sein sei den Dingen garantiert durch die *Urteile* von Erkenntniswissenschaftlern. Wenn mir Herr Witzenmann entgegenhalten wollte, er meine doch gar nicht das (ontologische) Sein der Dinge, sondern der unvermeidliche Gebrauch des Verbums „sein" in der Phrase „sind Urteile" diene nur dazu, auszudrücken, dass die Wirklichkeit der Dinge erst im Urteil entstehe, da Erkennen eben Urteilen oder Wirklichkeitsbildung sei, so hätte ich zu antworten: Ich vermag mich nicht zu der stolzen Einsicht zu erheben, dass die Dinge der Welt erst dann ihre Wirklichkeit bekommen, wenn sich H. Witzenmann wohltätig vor die Dinge hinstellt und ihnen durch sein Urteil zur Wirklichkeit verhilft.

Wenn der Marburger Neukantianismus durch Hermann Cohen lehrt, das Sein der Dinge sei das Sein des Denkens (vgl. „Die Rätsel der Philosophie", Bd. II, S. 200), so meint er mit „Denken" mehr die *Logizität* des Denkens als die Offenbarung einer Individualität. Das Systemprogramm Cohens zeigte seinerzeit an, dass die Theosophie des Goetheanismus im Begriffe war, am Horizonte aufzusteigen. Dann erfolgte im Jahre 1900 jene bewegende Proklamation Rudolf Steiners: dass nach dem „*Sein*" sowohl der Dinge wie des Denkens überhaupt nicht gefragt werden könne. Mit dieser bewegenden Proklamation (enthalten in dem „Ausblick" betitelten Schlusskapitel der ersten Ausgabe der späteren „Rätsel der Philosophie") befasst sich die folgende

Zwischenbetrachtung.

Es ist riskant, einem *Freien* zu begegnen. Man hat sich bei der Begegnung auf Unvorhergesehenes gefasst zu machen. Man hat damit zu rechnen, dass altgewohnte Vorstellungen gekränkt werden. Ich und Leute meiner Art sind gewohnt, uns in den geläufigen Vorstellungen von Bürgern des geistigen „Abendlandes" zu bewegen. Solchen Leuten entspricht es, aus Überlieferung und Gewohnheit anzunehmen, in den Dingen sei ein Göttliches wirkend, das den Dingen ihren Bestand im Weltganzen garantiert. Und nicht minder sei unser eigenstes Innere gesichert und garantiert durch jenes tragende „Sein".

Indem wir dem Freien begegnen, bemerken wir als erstes, dass er das altgewohnte „Sein", das angeblich die Dinge und uns trägt, bestreitet. Es sei sinnlos, sagt uns der Freie, nach dem „Sein" überhaupt zu fragen…

Des Freien Freiheit besteht darin, dass er die Welt und ihre Dinge *denkt*. Sein *Denken* ist das absolut sich selbst genügende Wesen. Es trägt sich selbst, es verlangt und duldet kein Fundament außer sich. Angst vor dem Solipsismus, diesem Schreckgespenst der Philosophen, kennt das Denken des Freien nicht. Hätte der Freie Furcht vor der absoluten Einsamkeit, er könnte nicht die Welt *denken*.

Der Freie sagt uns, weshalb es unmöglich ist, das Wesen der Welt und der Dinge als „Sein" zu erfragen: „Wenn ich mit meinen Gedanken" – so sagt Rudolf Steiner in dem „Ausblick" von 1900 – „die Dinge durchdringe, so füge ich ein seinem Wesen nach in mir Erlebtes zu den Dingen hinzu. Das Wesen der Dinge kommt mir nicht aus ihnen, sondern ich füge es zu ihnen hinzu. Ich erschaffe eine Ideenwelt, die mir als das Wesen der Dinge gilt. Die Dinge erhalten durch mich ihr Wesen. Es ist also unmöglich, nach dem Wesen des Seins zu fragen. Im Erkennen der Ideen enthüllt sich mir gar nichts, was in den Dingen einen Bestand hat. Die Ideenwelt ist mein Erlebnis. Sie ist in keiner anderen Form vorhanden als in der von mir erlebten."

Diese Sätze Rudolf Steiners aus dem Buche, das später den Titel „Die *R ä t s e l* der Philosophie" bekam, charakterisieren im Jahre 1900 den Freien. – Ich fürchte stark, dass ich die gewohnten Vorstellungen eines Bürgers des christlichen Abendlandes preisgeben muss, wenn ich den zitierten Sätzen das Recht zugute halte, ernst genommen zu werden. Um zum Ausdruck zu bringen, dass ich die Sätze ernst nehme, kann ich eine geringe Modifikation des Textes vornehmen, indem ich unter den Dingen der Welt vorzüglich die *Menschen-Dinge* verstehe, die von den Gedanken des Freien ihr Wesen empfangen. Diese Modifikation fügt dem Inhalte der

Sätze nichts Neues hinzu, sie setzt nur einen Akzent, auf den der Autor der Sätze im Jahre 1900 kein Gewicht gelegt hatte. Mit geringfügiger Änderung der Worte sagt uns also R. ST., weshalb es in den Dingen nichts gibt, was anderswo als im Denken des Freien Wesen und Bestand hätte:

„Wenn ich mit meinen Gedanken die Menschen durchdringe, so füge ich ein seinem Wesen nach in mir Erlebtes zu den Menschen hinzu. Das *Wesen* der Menschen kommt mir nicht aus ihnen, sondern ich füge es zu ihnen hinzu. Ich *erschaffe* eine Ideenwelt, die mir als das Wesen der Menschen gilt. Die Menschen erhalten durch mich ihr Wesen. Im Erkennen der Ideenwelt enthüllt sich mir gar nichts, was in den Menschen Bestand hat. Die Ideenwelt ist mein Erlebnis. Sie ist in keiner anderen Form vorhanden als in der von mir erlebten."

Hier wäre nun also, indem man dem Freien begegnet, das Unvorhergesehene, durch das gewohnte Vorstellungen gekränkt werden könnten. Ich habe bisher doch geglaubt, ich sei so einer, der sein Wesen in sich hat. Nun wird mir von dem Freien bedeutet, dass er meine bisherige Ansicht nicht zulassen kann. Fühlte ich mich denn nicht als den sicheren Besitzer meines „Ich"? Kaninchen besitzen Schwänze und die sogenannten Menschen besitzen ihr „Ich" – ein wenig von dieser Sorte war doch wohl meine volkstümlich-optimistische Ansicht. Verstand ich mein „Ich" nicht als das auf sich selbst gestellte Wesen, das meinen Sinn als selbständige Monade im Weltganzen verbürgt? Ist denn das Weltganze nicht auf den freien Beitrag meines eigensten Wesens angewiesen?

Nein, das ist nicht der Fall, denn ich habe ja gar kein eigenes Wesen. Was in mir Wesen ist, das ist der Gedanke, den der Freie als *seine* Idee in *seinem* Denken erschafft und in mich hineinlegt. In seinem Denken enthüllt sich dem Freien gar nichts, was in mir einen Bestand hat. Ich empfange durch den Freien mein Wesen.

Darüber habe ich zu erschrecken. Meine Bürgerschaft im christlichen Abendland ist entscheidend in Frage gestellt. Es bedeutet für mich nicht ein Risiko, sondern eine Katastrophe, dem Freien zu begegnen.

So weit meine Zwischenbetrachtung. Wie soll die Welt weiter gehen – nachdem ich dem Freien begegnet bin? Ich denke, dass es ein Lichtblick für mich sein könnte, wenn ich die Möglichkeit ins Auge fasse: dass ein Freier sich sozusagen selbst totschlägt, seine Eigenexistenz hinopfert, um andere leben zu lassen.

Meine Zwischenbetrachtung bezieht sich auf das mit „Ausblick" überschriebene kurze Schlusskapitel der ersten Ausgabe der „Rätsel der Philosophie". Ich möchte nicht versäumen, festzustellen, dass das Schlusskapitel der 2. Auflage der „Rätsel der Philosophie" (1914), das „Skizzenhaft dargestellter Ausblick auf eine Anthroposophie" betitelt ist, mit dem „Ausblick" von 1900 inhaltlich völlig übereinstimmt.

Von H. Witzenmanns Aufsatz im Anthroposophisch-Medizinischen Jahrbuch III (1952) „Erkenntniswissenschaftliche Bemerkungen zum Bewegungsproblem" sagte ich schon, er integriere in philosophischer Abrundung die bisherigen Erfolge im Umgang mit der Lehre Rudolf Steiners, dass es keine motorischen Nerven gibt. Es ist zu begrüßen, dass das

Anthroposophisch-Medizinische Jahrbuch das Bewegungsproblem als solches aufgreift. Denn logischerweise muss man sich zuerst Vorstellungen über Motorik bilden, ehe es sich verlohnt, von möglichen oder unmöglichen motorischen Nerven zu sprechen. Es kann auffallen, dass in den Vorträgen Rudolf Steiners das Thema der sogenannten motorischen Nerven stets anlässlich der Behandlung der anspruchsvollsten *Weltanschauungsfragen* auftritt. Auch müsste selbst solchen, die aus akademischen Gründen auf das Staunen verzichten, die Tonart auffallen, die R. ST. anschlägt, wenn er auf das Thema kommt. Ich erinnere z. B. an Zyklus 30, 8, 15. – R. ST. konnte sich auch schonend und konziliant ausdrücken, wenn er in scheinbar weitgehendem Entgegenkommen an die preziöse Universität die Nichtexistenz der motorischen Nerven in der Verpackung verabreichte: die sensorischen und die motorischen Nerven seien „wesensgleich", nämlich beide seien gleichwesentlich Empfindungsnerven. Der anthroposophische Akademiker durfte sich dann nur nicht zum Schwindeln verleiten lassen, indem er aus der „Wesensgleichheit", die ja formell eine Aussage über zwei verschiedene Dinge bedeutet, nun dennoch und gegen R. ST. die Existenz motorischer Nerven herleitete und bewies. Wenn R. ST. konziliant die sensorischen und die sogenannten motorischen Nerven wesensgleich nannte, dann gewiss nicht, um vergessen zu machen, was er auf der 2. Generalversammlung der neuen Anthroposophischen Gesellschaft am 23. Januar 1914 (Zyklus 33, 4, 13, „Der menschliche und der kosmische Gedanke") zum Thema der angeblichen motorischen Nerven sagte:

„Die Welt ist ein *Unendliches*, qualitativ und quantitativ! Und ein Segen wird es sein, wenn sich einzelne Seelen finden, die klar sehen wollen gerade in bezug auf das, was in unserer Zeit so furchtbar auftritt an sich überhebender Einseitigkeit, die ein 'Ganzes' sein will. Ich möchte sagen: Mit blutendem Herzen spreche ich es aus: das größte Hindernis ... ist die wahnsinnig gewordene Physiologie der Gegenwart, welche da von zweierlei Nerven spricht, von den 'motorischen' und den 'sensitiven' Nerven. (Ich habe auch diese Sache schon in manchen Vorträgen berührt.) Um diese überall in der Physiologie herumspukende Lehre hervorzubringen, musste tatsächlich die Physiologie vorher allen Verstand verlieren. Dennoch ist das heute eine über die ganze Erde hin anerkannte Lehre, die sich jeder wahren Erkenntnis von der Natur des Gedankens und der Natur der Seele hindernd in den Weg legt. Niemals wird der menschliche Gedanke erkannt werden können, wenn die Physiologie ein solches Hindernis der Erkenntnis des Gedankens bildet. Wir haben es aber so weit gebracht, dass eine haltlose Physiologie heute jede Psychologie, jede Seelenkunde eröffnet und von ihr abhängig macht."

Auch die am 5. August 1916 gesprochenen Worte (Kosmische und Menschliche Geschichte, Bd. I, S. 82) sind nicht gesprochen worden, um vergessen oder akademisch verharmlost zu werden:

„Meine lieben Freunde, Sie wissen, wenn ich von materialistischer Wissenschaft rede, rede ich nie von etwas Unberechtigtem; ich habe viele Vorträge darüber gehalten, wie berechtigt der Materialismus in der äußeren Wissenschaft ist, wenn er seine Grenzen einhält. Aber von jener Beziehung, die die Moralität hat zum Menschen, wird dieser Materialismus in der Wissenschaft noch lange nicht das Richtige sagen können aus dem einfachen Grunde, weil ja unsere materialistische Wissenschaft an einer Grundkrankheit heute noch leidet, die erst behoben werden muss. Ich habe ja diese Grundkrankheit öfter erwähnt; aber wenn man von ihr spricht, so ist es für den heutigen Wissenschafter schon so, als ob man als ein blutiger Dilettant reden würde. Sie wissen, dass die heutige Wissenschaft davon spricht, dass der Mensch zweierlei Nerven hat: sogenannte sensitive Nerven, die zur Empfindung, zur Wahrnehmung da sind, und motorische Nerven, die die Willensregungen, die Willenshandlungen des Menschen vermitteln sollen. Sensitive Nerven, die von der Peripherie hineingehen in das Innere des Menschen, motorische Nerven, die von dem Innern des Menschen nach der Peripherie gehen. Und es würde also ein Nerv, der von dem Gehirn aus vermittelt, dass ich die Hand hebe, ein motorischer Nerv sein; wenn ich etwas berühre, es als warm empfinde oder als glatt, so würde es ein sensitiver Nerv sein. Also zweierlei Nerven gibt es, so nimmt der heutige Anatom-Physiologe an. Dies ist ein völliger Unsinn. Aber man wird das noch lange nicht als einen Unsinn erkennen."

Man kann den Eindruck bekommen, es beliebe anthroposophischen Akademikern eine gewisse Reserve, es bestehe ein Zögern, die Äußerungen Rudolf Steiners in den Vortrags-Zyklen als unmittelbar *vollwissenschaftlich* zu empfinden. Das Geniertsein der Akademiker, wenn es sich etwa um die physiologische Mitteilung handelt, dass der persönliche Christus oder „die persönlich gewordene Sphärenharmonie" die Kraft ist, die den Muskel in Bewegung versetzt (Zyklus 30, 8, 15), ist verständlich. Immerhin wird die Ungezogenheit des delikaten akademischen Geniertseins abgeschafft werden müssen; denn um ernst genommen werden zu können, hat man sich zum Vollwissenschaftlichen der Zyklen unbefangen zu verhalten. Es gibt anthroposophisch keinen Unterschied zwischen Wissenschaft und Theosophie. Wenn das Chaos der Universität lange genug gedauert haben wird, kann sich die Notleidende mit ihrem Bedürfnis nach einem fundierten Begriffe von „Wissenschaft" an die Theosophie Goethes wenden. Niemals dagegen sollte es anthroposophischen Wissenschaftern einfallen können, sich – wozu eigentlich? – an das Niveau der Universität „anzupassen". Das Ideal, den Inhalt des anthroposophischen Grundbuches über den Äther von 1924, das auch zwei Autoren hatte, durch universitären Jargon à la 1950 zu ersetzen, ist kein anthroposophisches Ideal. Da Arensons Büchlein über „Das Erdinnere" seit Jahrzehnten vergriffen (und vergessen) ist, war leider der Hochflug der goetheanistischen Wissenschaft von der anthroposophischen „ERDE" daran gehindert, auf dem Lern-Gelände des werten Adolf Arenson zu starten.

Bevor ich auf die von H. Witzenmann getroffene Lösung des „Bewegungsproblems" komme, sei mir eine anthroposophisch grundsätzliche Überlegung gestattet. Wenn ein Anthroposophisch-Medizinisches Jahrbuch, ab 1950 erscheinend, sich zu dem wichtigen Problem der physikalischen Bewegung und der menschlichen Selbstbewegung äußerte, dann war es gegeben, zu rekurrieren auf die schon vorliegenden anthroposophischen Beiträge zum „Bewegungsproblem", da eine anthroposophische Bewegung nicht alle zehn Jahre neu beginnt und Grund hat, sich der schon vorliegenden Leistungen bewusst zu sein. Es sind zwei Beiträge, die in Betracht kommen: Dr. C. Ungers Ausführungen über den Begriff und die Erscheinung der Bewegung in dem Aufsatze „Naturwissenschaft und Geisteswissenschaft" (in „Die Grundlehren der Geisteswissenschaft") und das bedeutsame Kapitel „Grundlagen einer neuen Bewegungslehre" in Dr. G. Wachsmuths „Die ätherischen Bildekräfte in Kosmos, Erde und Mensch" (1924). Die Beiträge Dr. Ungers und Dr. Wachsmuths als nicht existent zu betrachten, erscheint mir als ein unbegreifliches Versäumnis des Redaktors wie des Herausgebers des Jahrbuches. – Es ist mir unverständlich, dass H. Witzenmann es sich glaubt leisten zu sollen, *nicht* an Ungers Gedanken über den Zusammenhang von Bewegung und LICHT anzuknüpfen. Wenn Unger längst die Brücke gebaut hat von der Philosophie zur Anthroposophie (resp. von der Anthroposophie zur Philosophie), und nachdem man diese Brücke überschritten haben kann, wieso eigentlich bemüht sich dann H. Witzenmann, uns wieder auf das andere Ufer der defizienten Philosophie zurückzuschicken? Stehen wir denn der notleidenden Philosophie wegen oder denn doch um der Anthroposophie willen in unserer gegenwärtigen Inkarnation? – Neben den Schülerbeiträgen von Dr. Unger und Dr. Wachsmuth hätten erst recht die schwerwiegenden Bemerkungen über Bewegung im 9. Vortrage des Zyklus 22 (Der Mensch im Lichte von Okkultismus, Theosophie und Philosophie, Oslo 1912) nicht außer acht gelassen werden dürfen. Dort grenzt R. ST. seine Anschauung vom Wesen der Bewegung gegen den Materialismus ab. Der Materialismus der Physik nimmt an, – oder nahm bis zum legendären „Zusammenbruch" der bis 1900 „klassischen" Physik an, von Ewigkeit her bewegte Materie sei die Ursache sowohl der objektiven Welterscheinungen wie auch der Erscheinungen des menschlichen Bewusstseins. Im genannten Vortrage spricht R. ST. von Blutbewegung, Atembewegung, Drüsenbewegung usw. und richtet dabei an die Adresse des Materialismus das Memento: „Nicht soll Materialismus hier gepredigt werden, wenn ich von Bewegung spreche. Die Bewegung ist nämlich schon vorhanden; nur ist sie Wirkung und nicht Ursache."

Man besehe sich doch diesen Vortrag 22,9! Man wird als wacher Zeitgenosse gar nicht anders können, als in den Ausführungen Rudolf Steiners von 1912 eine Paraphrase über dasjenige zu empfinden, was in der Phraseologie der „modernen" Physik der „Zusammenbruch der klassischen Physik" genannt wird. Der „klassische" Materialismus, der von Galilei und Newton her zur beherrschenden Methode der gesamten englisch gesteuerten (anti-goetheanistischen) Naturwissenschaft der Du Bois-Reymond und Helmholtz geworden war, verlor sein Ansehen nicht etwa deswegen, weil er aus ethischen Gründen untragbar geworden wäre; es ereignete sich vielmehr das Unerwartete und Bestürzende, dass die experimentierende Physikforschung selbst die Utopie preisgeben musste, die physikalische Welterklärung habe in der in Bewegung befindlichen „Materie" die in mathematische Gesetze einzufangenden Ursachen der Welterscheinungen zu suchen. Dieses „klassische" Erklärungsprinzip erwies sich zuerst den elektrischen Erscheinungen gegenüber als ohnmächtig. Man war genötigt, den skurrilen Begriff der ursachlosen Wirkung zu Hilfe zu nehmen, indem man als „Wirkung" definierte Vorgänge als ein Letzterreichbares ansieht. Man bestätigt damit – zwar nicht der Sache nach, aber mindestens symbolisch – das Dictum Rudolf Steiners von 1912, dass man es dort mit *Wirkungen* zu tun hat, wo man Ursachen glaubte. Ein ausgebreiteter Physikjournalismus ahnt etwas von grundstürzender weltanschaulicher Revolution; man spricht aufgeregt von der geistigen Führerrolle der jüngsten Physik, und man wird später, wenn man etwas Glück hat, einige Illusionen zugunsten von Gehaltvollerem preisgeben können.

H. Witzenmann löst das „Bewegungsproblem" erkenntniswissenschaftlich. Statt dass er etwas anthroposophisch

Ernsthaftes und Verbindliches zu sagen hätte, im Zeitalter Einsteins, vertändelt sich sein Aufsatz in anthroposophisch-philosophischer Häkelarbeit. H. Witzenmanns Lösung des „Bewegungsproblems" lautet: *„Bewegungen sind Urteile."* Ich neige zu der Annahme, es sei dem in rüstigem Tempo am Osthimmel über den Horizont heraufsteigenden Vollmond gleichgültig, wenn ich behaupte, seine Bewegung „ist" mein Urteil. Dass Bewegung ihrem Sein nach ein Urteil sei, ist ein Fund aus dem historischen Museum der Philosophie, ist nur *eine* unter den vielen im Laufe der Jahrhunderte aufgetretenen philosophischen Erklärungen für die schwer fassbare Bewegung, von Zenon bis Trendelenburg. Während das „Bewegungsproblem" in den letzten Jahrzehnten für die gescheitesten Köpfe wegen der *Relativität* der Bewegungen zum erregenden Problem wurde, kann H. Witzenmann 1952 seine Patenterkenntnis, „Bewegungen sind Urteile", aus der vorbeiverstandenen Lehre Rudolf Steiners über Wahrnehmung und Begriff heraushäkeln und beweisen, dass die weltgesetzliche Objektivität und Realität der Bewegung nur in der „Wirklichkeitsbildung" von Erkenntniswissenschaftlern garantiert ist. Ich besah mir H. Witzenmanns Lösung „Bewegungen sind Urteile" von allen Seiten und komme zu dem Schluss: die freundlichst angebotene Patentlösung verkennt den *Ernst* der Geisteswissenschaft.

Die anthroposophische Kennzeichnung des Wesens der physikalischen Bewegung betrifft das Subjekt der Welt und kann lauten: Die Bewegung (Veränderung) der physischen Welt, nachdem diese sich in der *INTUITION* als Subjekt und Person hat, d. h. also die Selbst-Bewegung des *MENSCHEN* ist ein *URPHÄNOMEN*. Ein Urphänomen ist keine „Idee", ist mehr als ein Begriff. Es ist die sinnliche Anschauung eines Geistigen. Das Urphänomen besteht durch sich selbst. – Am allerwenigsten ist ein Urphänomen auf die urteilende Gönnerschaft von Erkenntniswissenschaftlern angewiesen.

Es ist nicht anders, als es aus der Belehrung, die Rudolf Steiner Einstein zuteil werden ließ, zu entnehmen ist. Diese Belehrung Einsteins („Die Rätsel der Philosophie" Bd. II, S. 205 bis 207) hat zu ihrem Fundamente die Unterscheidung von zweierlei Natur: einer entmenschten Natur, und einer Natur, die Menschengeist ist, weil DER MENSCH ihr Wesen sein will. Nichts anderes als der konsequente Anthropomorphismus ist der „Geist", der gegen die Relativitätstheorie und die moderne Physik zu mobilisieren ist. Rudolf Steiner drückte dies in den folgenden Sätzen aus: „Der Relativitätstheorie für die physische Welt wird man nicht entkommen; man wird aber durch sie in die Geist-Erkenntnis getrieben werden. – Insofern der Mensch sich innerhalb der Naturdinge und Naturvorgänge betrachtet, wird er den Folgerungen dieser Relativitätstheorie nicht entgehen können. Will er aber, wie es das Erleben des eigenen Wesens notwendig macht, sich nicht in bloße Relativitäten wie in einer seelischen Ohnmacht verlieren, so wird er das „Insich-Wesenhafte" *fortan* nicht im Bereiche der [entmenschten] Natur suchen dürfen, sondern in der Erhebung über die [mensch-lose] Natur, im Reiche des Geistes." (Die Bemerkungen R. STs. über Einstein wurden 1924 dem Buche „Die Rätsel der Philosophie" als Schlusskapitel eingefügt.)

H. Witzenmann verfügt nicht nur über Thesen aus dem philosophiegeschichtlichen Assortiment („Bewegungen sind Urteile"); es fällt ihm auch Neues ein. Er lehrt – allen Ernstes –, dass „Bewegungen in keinem Falle wahrgenommen werden". Ich habe mich bemüht, das Häkelmuster dieses Satzes zu enträtseln, und habe herausbekommen: Da Bewegungen etwas Wirkliches sind, *Wahrnehmungen* aber nur Halb-Wirkliches enthalten, das dann durch die Hinzufügung des passenden *Begriffes* zu einem Ganz-Wirklichen ausgestaltet wird, können bloß wahrgenommene Bewegungen nicht Wirklichkeit genannt werden. Anders ausgedrückt: Bewegungen, die *wirkliche* Bewegungen sind, „können in keinem Falle wahrgenommen werden". Es handelt sich da um gehäkelte Verbaldialektik. Wir erfassen, meint H. Witzenmann, in den von uns wahrgenommenen Bewegungen *erst durch unsere Begriffe* die Bewegungen. Wir sollen „einsehen, dass Bewegungen in keinem Falle wahrgenommen werden und dass sie ... nicht die Wesensart der Wahrnehmungen, sondern der Begriffe haben, – dass sie also objektiver ... Geist sind". Hier an dieser Stelle (Anthroposophisch-Medizinisches Jahrbuch III, S. 242) ereignet es sich auch, dass H. Witzenmann sich die Eigenoffenbarung verabreicht über die *Selbst-Bewegung*, die sonst ein Privilegium des groß geschriebenen MENSCHEN, wenn man will des Christus, ist: „Auch die Idee der Selbstbewegung, die hier auftritt – sagt H. Witzenmann –, ergibt sich streng, da sie der Logik wie der Selbstbeobachtung entspricht. Denn es kann logisch keine Bewegung geben, wenn jedes Bewegte stets von einem anderen Bewegenden bewegt werden muss, wenn die Bewegung also keinen selbstbewegenden Ursprung hat (A. Einstein dankt gerührt). Die Selbstbewegung wird aber Beobachtung (etwa die Selbstbewegung des aufgehenden Vollmondes?), wenn wir der Tätigkeit unseres eigenen Geistes bewusst werden. Denn sofern wir denken, erleben wir nicht dasjenige, was uns ohne unser Zutun bewusst wird." Auguri! jeder sein eigener Selbstbeweger und Selbstoffenbarer! Jeder sein eigener Geistesforscher!

Jeder sein eigener Rudolf Steiner! Man scheint den Hohn gar nicht zu bemerken, den man auf den Namen des MENSCHEN ausgießt.

Erkenntniswissenschaftler sollten vorsichtig sein beim Abschreiben der „Philosophie der Freiheit". Es wäre unklug, wenn Erkenntniswissenschaftler annehmen wollten, Rudolf Steiner habe darauf gewartet, von ihnen ein für alle Male und endgültig auf das Jahr 1894 festgelegt zu werden. Das Jahr 1894 steht im Lichte des Jahres 1904. Es ist keine logische Folge, sondern purer Zufall, d. h. philosophisch unvorausdenkbare Lebensmächtigkeit, wenn es zehn Jahre nach der „Philosophie der Freiheit" das Buch „Theosophie" gibt. Unter den Schülern Rudolf Steiners hat C. Unger am besten begriffen, dass die logische und philosophische Diskontinuität zwischen den beiden Büchern ein Erzproblem darstellt. Es hätte Unger nie einfallen können, etwa mit der „Philosophie der Freiheit" die „Theosophie" erkenntniswissenschaftlich zu widerlegen. H. Witzenmann ist unvorsichtig, wenn er aus der „Philosophie der Freiheit" die endgültig perfekte Anschauung Rudolf Steiners über das Wesen der Bewegung zu entnehmen gedenkt. Der Autor der „Philosophie der Freiheit" war jedenfalls so frei, im Jahre 1900 in einem Vortrage innerhalb des Berliner Verbandes für Hochschulpädagogik über das Thema: „Methoden, das Gesetz von der Erhaltung der Kraft im Hochschulunterricht zu behandeln", das Folgende gesagt zu haben: „Wie man am 'Lebensrad' und 'Kinetoskop' sieht, ist auch Bewegung nur als subjektive Qualität, nicht als objektives Phänomen zu konstatieren." Offensichtlich fasste Rudolf Steiner mit diesem Dictum schon damals ins Auge, dass Herr von Weizsäcker das „Subjekt" einführen werde, auf das sich die bloß subjektiven Phänomene weltgesetzlich beziehen können.

Wenn Herr von Weizsäcker bei seinem Unternehmen Glück hatte, dann war der Beitrag der Theosophie Goethes überflüssig. – Übrigens liegt im „Kinetoskop", d. h. im Prinzip des Kino, das aus Form-Veränderung erscheinende Bewegung macht, eine bedeutsame – anthroposophisch zu erfassende – Prophetie. Ich werde auf das Thema FORM und BEWEGUNG (Exusiai und Dynamis) zurückkommen.

Jede Behandlung des „Bewegungsproblems" hat sich mit dem Begriff der *Kraft* auseinanderzusetzen. Man könnte es als das Programm der geschichtlichen Entwicklung der wissenschaftlichen Physik bezeichnen, dass sie – aus tiefer Scheu vor metaphysischen oder mystischen „Naturkräften" – auf die fortschreitende Ausmerzung des Begriffes Kraft aus der Naturtheorie hinziele. Eine universelle physikalische Weltanschauung wird aber niemals auf den Begriff der Kraft verzichten können. Dagegen ist der prinzipielle Agnostizismus der akademischen Physik, der es ja nicht auf *Erkenntnis*, sondern auf *Beherrschung* der Natur abgesehen hat, nur konsequent, wenn er den Begriff der Kraft ausschließt. Der Agnostizismus verwendet an Stelle von Erkenntnisbegriffen reine Maßbegriffe; „Energie" ist ein Maßbegriff. Schon die klassische Physik verstand unter Kraft nicht etwa die *Ursache* der Bewegung, sondern die Kraft ist das *Maß* der Bewegung, besser: das Maß der Geschwindigkeit bzw. der Geschwindigkeits-Änderung. Die folgende Äußerung eines typischen Repräsentanten der agnostischen Naturwissenschaft ist ebenso folgerichtig wie aufschlussreich: „Es gibt überhaupt keine Kräfte, und wenn man von Kräften reden will, so muss man es wenigstens in der Weise tun, dass diese Fiktion auch wirklich die Dienste leiste, zu welchen sie berufen ist, nicht aber den Schein einer Einsicht vortäusche, die jedes Grundes entbehrt." (Du Bois-Reymond, Über die

Lebenskraft, 1848.) – Die Theosophie Rudolf Steiners versteht unter den Naturkräften das Wirken der Toten (Zyklus 1, Vor dem Tore der Theosophie: „In den Naturkräften haben wir die Handlungen der entkörperten Menschen zu sehen.") Von dieser Erkenntnis her hat die anthroposophische physikalische Weltanschauung ihre Legitimation, antimetaphysisch, d. h. auf Grund von unmittelbarer *Anschauung* von „Kräften" in Kosmos, Erde und Mensch zu sprechen. Die Gedanken des groß geschriebenen MENSCHEN sind als Lebewesen die Geister der Hierarchien und als diese sind sie „Kräfte".

Die „Philosophie der Freiheit" setzte sich mit den unhaltbaren Grundvorstellungen der modernen Naturtheorie auseinander. Daran knüpft H. Witzenmann an. Sein „Erkenntniswissenschaftliches" unterstreicht den Gedanken, dass Kräfte aus dem Grunde von geistiger Wesenheit sind, weil sie unsichtbar seien. Für den Goetheanismus, um das vorwegzunehmen, ist weder die Unsichtbarkeit ein Indiz für Geistigkeit, noch die sinnliche Wahrnehmbarkeit ein solches für Ungeistigkeit. Die hier in Betracht kommende Maxime des theosophischen Goetheanismus lautet vielmehr: Kräfte, die nicht in voller inhaltlicher Identität irgendwo als Sinneswahrnehmungen auftreten könnten, wären bloße Fiktionen. Davon später. – Nun hatte der Autor der „Philosophie der Freiheit" die Aufgabe übernommen, den metaphysischen Realismus, der ihm am bedeutsamsten in der Weltanschauung Eduard von Hartmanns entgegentrat, der aber auch das Prinzip der modernen Naturtheorie bildet, ad absurdum zu führen. Der metaphysische Realismus verlegt das „Welt-Geschehen" nicht in den subjektiven Erkenntnisprozess (vgl. in „Wahrheit und Wissenschaft" Rudolf Steiners Bemerkung über seine Differenz zu Hegel, Einleitung

S. 2), sondern in einen Gott, der bei Eduard von Hartmann „das Unbewusste" heißt. Dieser Gott ist ein spekulativ erschlossenes metaphysisches Reales. – An dieser Stelle haben einige harte Feststellungen des Briefschreibers zu erfolgen. Es ist natürlich rührend, wenn sich Bürofräuleins und Schullehrer in anthroposophischen Zirkeln zusammensetzen und mit Hingabe die Lektüre der „Philosophie der Freiheit" betreiben. Anderseits ist klar, dass nicht die geringste Ahnung vom Inhalte dieses Buches zu gewinnen ist, wenn ich nicht fähig bin, die Freiheitslehre Rudolf Steiners in ihrer Kühnheit zu begreifen aus ihrem Gegensatze zu Eduard von Hartmann, welcher Eduard von Hartmann auf seinen Schultern die Verantwortung trug für die bisherige geistige Kultur des christlichen Abendlandes, weil sein souverän überschauender Geist wie kein anderer dieser Aufgabe gewachsen war. Von der Mission eines Treuhänders des geistigen Europa her beurteilte Eduard von Hartmann Rudolf Steiners „Philosophie der Freiheit", deren Verfasser ihm seit einigen Jahren persönlich bekannt war. Und gegen den „Reaktionär" Hartmann erhebt sich die ganze Unbotmäßigkeit und Ruchlosigkeit eines unwahrscheinlich kühnen jungen Mannes, eines Freien, dessen Sorgen nicht diejenigen Eduard von Hartmanns sind. Ed. von Hartmann nahm ausführlich Stellung zum Inhalte der „Philosophie der Freiheit"; er hatte das ihm von R. ST. überreichte Exemplar des Buches über und über mit seinen kritischen Bemerkungen versehen, die er R. ST. zur Einsicht sandte. Die kritische Erledigung, die v. Hartmann der „Philosophie der Freiheit" zuteil werden lässt, gipfelt in der Feststellung: Steiner huldige einem Phänomenalismus des Bewusstseins, der überhaupt nicht in Betracht ziehe, dass es außer dem eigenen Denksubjekte auch die Bewusstseine anderer Menschen gebe; die Frage der Einheit der vielen Subjekte sei von

Steiner nicht gelöst und nicht einmal gesehen. Diese Kritik ist vom Standpunkte der Mission Eduard von Hartmanns voll berechtigt. Die Anerkennung dieser Kritik durch Rudolf Steiner ist in der Tatsache enthalten, dass auf das Buch „Die Philosophie der Freiheit" zehn Jahre später das Buch „Theosophie" folgte, darin die Einheit von Welt und Gott als ein trichotomischer Mensch beschrieben ist. Eduard von Hartmanns Abwehr der „Philosophie der Freiheit" bedeutet einen unentbehrlichen Einschlag im geistigen Drama des Ereignisses „Anthroposophie". „Sehr richtig!" und „das ist Phänomenalismus!" schrieb von Hartmann an den Rand bei Rudolf Steiners Satz: „Für den Monismus entfällt mit dem absoluten Weltwesen auch der Grund zur Annahme von Welt- und Naturzwecken." (S. 176.) Eduard von Hartmann konnte durchaus nicht finden, seine Metaphysik werde durch die „Philosophie der Freiheit" in den Grundlagen erschüttert oder gar widerlegt; er konnte sich nicht vorstellen, dass der Debütant R. ST. etwas anderes hätte liefern sollen als eine mit der seinigen konkurrenzierende Gotteslehre im Sinne der Hegel, Schopenhauer, Fichte, Schelling. Dass der Autor der „Philosophie der Freiheit" das absolute Weltwesen dahinfallen lässt und sich um keinen Zweck der Welt sorgt, war für einen Eduard von Hartmann unerträglich und unmöglich. – R. ST. hatte schon in „Wahrheit und Wissenschaft", dem Vorspiel zur „Philosophie der Freiheit", für die Klarstellung seiner Sorge, die nicht die Sorge Eduard von Hartmanns ist, das Nötige getan. Seine Anschauung des geistigen Weltinhaltes, sein objektiver Idealismus als Resultat einer sich selbst verstehenden Erkenntnistheorie „unterscheidet sich von dem Hegelschen metaphysischen, absoluten Idealismus dadurch, dass er den Grund für die Spaltung der Wirklichkeit in gegebenes *Sein* und *Begriff* im Erkenntnissubjekte sucht und die Vermittlung derselben nicht in einer objektiven Weltdialektik, sondern im subjektiven Erkenntnisprozesse sieht." Worum ging es also bei der Unbotmäßigkeit des jungen Herrn aus Wien und Weimar, dem es so sehr am Herzen lag, sein Problem dem philosophischen Kaiser Eduard von Hartmann in Berlin sichtbar zu machen, was doch ganz aussichtslos war? Es ging darum, den Keim eines URPHÄNOMENS der Selbstentdeckung der *Welt* zu hegen, damit aus diesem Keim später die Theosophie des Goetheanismus auswachsen könne. Wie hätte auch Eduard von Hartmann für diese Anliegen das mindeste Verständnis haben sollen? – Irgendwann war im Abendlande dem Unvermeidlichen nicht zu entgehen, dass die Welt, indem sie „Ich" sagt, mehr als eine Hegelsche Abstraktion meine. Hegel, der den deutschen philosophischen Weltgeist mit dem Christentum versöhnt haben wollte, stellte sich vor den Mann am Kreuz hin, klopfte ihm vertraulich auf die Schulter und tröstete ihn: Mach dir keine Sorgen, für dein Fortkommen ist gesorgt, ich nehme mich deiner an, du bist im dialektischen Weltgeistprozess gut aufgehoben, du bist in der Eurythmie des Geistes ein sicheres „Moment" meines Hegelschen Begriffs! Dass es *so* nicht ging, hatte sich gegen Ende des 19. Jahrhunderts allmählich herumgesprochen. Es musste eine neue Art gefunden werden, um Sein und Begriff des Weltgeistes zu vermitteln. Auch war man auf den Wegen der Naturwissenschaft dahintergekommen, dass „Mensch" kein bloßes Begriffswesen ist, dass vielmehr der groß geschriebene MENSCH denn doch als KÖRPER in Aussicht zu nehmen sei.

Die Irrtümer des metaphysischen Realismus, dessen Anspruch, „spekulative Resultate nach naturwissenschaftlicher Methode" zu liefern, in der „Philosophie der Freiheit" ad absurdum geführt wird, beherrschen auch die Grundvorstellungen der akademischen Physik und Naturwissenschaft. Die Physiktheorie ist ein nur nicht zur Klarheit erhobener metaphysischer Realismus. Dabei anerkennt die akademische Physikforschung keine Verpflichtung, das beziehungslose Nebeneinander von Naturwissenschaft und „Geisteswissenschaften" als unerträglich zu empfinden. Ein Geist vom Range Eduard von Hartmanns kann nicht im Stile der Universität weltanschaulicher Abstinenzler sein; für einen solchen Geist ist es eine Selbstverständlichkeit, Naturerkenntnis und religiös-ethische Erkenntnis aus *einem* Prinzip zu entfalten. Der Autor der „Philosophie der Freiheit" konnte das prinzipiell Irrtümliche des metaphysischen Realismus an einigen Grundvorstellungen der Physik und Naturwissenschaft explizieren. Seine Kritik spitzt sich in die Feststellung zu, dass sich die Naturwissenschaft die Wirklichkeit der Natur als „unwahrnehmbare Wahrnehmung" vorstellt, und dass die „unwahrnehmbare Wahrnehmung" einen absolut unstatthaften Widerspruch bedeutet. Alles Atom-Geschehen, da man sich das Atom, damit es nicht geradezu nichts sei, mit sinnlichen Qualitäten ausgestattet denkt, besteht grundsätzlich aus „unwahrnehmbaren Wahrnehmungen", die hypothetisch unterstellt werden, um den esoterischen Rechnungsformeln einen Inhalt zu besorgen. Die „Philosophie der Freiheit" hatte sich gegen den üblen Widerspruch der unwahrnehmbaren Wahrnehmung zu verwahren. Sie statuiert: *„Will man den Widerspruch der unwahrnehmbaren Wahrnehmung vermeiden, so muss man zugestehen, dass es für die durch das Denken vermittelten Beziehungen zwischen den Wahrnehmungen für uns keine andere Existenzform als die des Begriffes gibt."* (Ausg. 1929, S. 155.) Dieser repräsentative Kernsatz kennzeichnet das Verhältnis der „Philosophie der Freiheit" zum Positivismus (Mach) einerseits und zur spekulativen Metaphysik andererseits.

Auch Ernst Mach lehrt, dass die im menschlichen Wissen auftretenden *Beziehungen* zwischen den Wahrnehmungen keine andere Existenzform haben als die des Begriffs. Das Fatale an der Weltanschauung Machs ist nur, dass Mach nicht wissen kann, ob die gedachten *Beziehungen* zur Wirklichkeit notwendig dazugehören, oder ob sie für den Naturverlauf belanglose Spiegeleien im Menschenkopfe sind. Mach ist jedenfalls wie Rudolf Steiner entschiedenster Antimetaphysiker; dafür zürnt ihm die englisch gesteuerte (antigoetheanistische) Physik des metaphysischen Realismus. Sein berühmter Streit mit Max Planck ist symbolkräftig. Es war im Jahre 1910; auf herabsetzende Kränkungen des frommen Max Planck erwiderte Mach: Wenn der Glaube an Atome den Physiker ausmache, dann wünsche er keiner zu sein und verzichte schönstens auf die Gemeinschaft der Gläubigen der Physik-Kirche. Der Beitrag Machs zur Überwindung reaktionärer Metaphysik ist einer der bedeutsamsten Vorgänge der modernen Geistesgeschichte. Die verstaubte, fromme Metaphysik, indem sie ein nicht in das Wissen fallendes Sein postuliert, ist stets die Schrittmacherin des Materialismus, der das Wissen ebenfalls nur als Epiphänomen des bewusstseinstranszendenten Seins ansieht. Es ist interessant, dass außer Max Planck auch der Materialist Lenin als zürnender Gegner Machs auftrat. Lenin hatte seinen Revolutionsgenossen die Sympathien für den „Fideismus" und „Psychismus" der Mach und Avenarius auszutreiben und sie auf den orthodoxen Materialismus des Karl Marx zu verpflichten; dazu schrieb er 1908 sein ungemein instruktives Lehrbuch der Philosophiegeschichte seit Berkeley – als vehemente Kampfschrift gegen Mach und den „Machismus". – Man muss die Antimetaphysik Machs in dem Lichte sehen, das von der „Philosophie der Freiheit" auf sie fällt. Der Schöpfer der „Philosophie der Freiheit" ist

Antimetaphysiker in einer von keiner bisherigen Philosophie vorauszusehenden Weise, derart, dass selbst dem allesverstehenden Eduard von Hartmann der Verstand versagte. Das Besondere an der Antimetaphysik der „Philosophie der Freiheit" ist, dass sie nicht in der landesüblichen Weise in die Ohnmacht des Relativismus und Positivismus verfällt, sondern die Antimetaphysik in ein reelles Absolutes umschlagen sieht: in das Denken, das in der „Philosophie der Freiheit" beschrieben wird. Die Frage, die bei Mach offen blieb oder vielmehr gar nicht gestellt wurde: ob die gedachten Beziehungen zwischen den Wahrnehmungen Akte der *Welt* seien, wird klar gestellt und gelöst. Unter dem Gesichtspunkte der Absolutheit des Denkens lautet die Antwort der „Philosophie der Freiheit": „Die Welt ist Gott" (1894, S. 239).

Es ist wirklich rührend, wenn Strebsame in anthroposophischen Zirkeln bei der fleißigen Lektüre der „Philosophie der Freiheit" zu dem Resultat gelangen: R. ST. habe im Jahre 1893 das „Denken" von Meiern, Hubern und anderen Witzbolden beschrieben. Diese Getreuen sind offenbar der Ansicht, das große Problem Eduard von Hartmanns, die Erlösung Gottes – im Zeitalter des Atheismus der Universität –, sei gegenstandslos.

Die „Philosophie der Freiheit" lieferte keine explizite Theorie des Bewusstseins, was von Eduard von Hartmann als ihr unverzeihlicher Mangel angesehen wird. Denn seit Fichte ist die Frage der „Weltseele" ernsthaft gestellt und zum Zentralproblem der deutschen philosophischen Klassiker geworden. R. ST. setzt im Kapitel „Das Denken im Dienste der Weltauffassung" die Gründe auseinander, warum zuerst die Absolutheit des Denkens der „Philosophie der Freiheit" begriffen werden muss, bevor an die Schaffung einer Theorie des Bewusstseins gegangen werden kann (Ausg. 1929, S. 61 bis 62). – Eine Theorie des Bewusstseins zu schaffen, fällt *nicht* in die Kompetenz der Philosophie. Die Theorie des Bewusstseins war bequemer nicht zu haben als durch die Erschaffung der theosophisch-anthroposophischen Weltbewegung ex nihilo. Den vorhandenen Definitionen der Anthroposophie wird die weitere Definition hinzuzufügen sein: Die Weltanschauung Rudolf Steiners ist Anschauung von Schöpfung.

Nach Mach und Steiner kann den wissend erfassten *Beziehungen* zwischen den Wahrnehmungen eine andere Existenz als die gedanklich-begriffliche nicht zuerkannt werden. Nach Eduard von Hartmann und nach der modernen Naturtheorie soll es sich ganz anders verhalten. Eduard von Hartmann, dem die Vermeidung des erkenntnistheoretischen „Idealismus" ein großes Anliegen ist und der die Komplettierung des „Idealismus" (Hegels) durch ein „Realprinzip" fordert und durchführt, nimmt an, es verlaufe neben und außer den physikalisch entbehrlichen Bewusstseinsprozessen ein realer Seins-Prozess; d. h. er rechnet mit unbewusst-hellwissenden unsichtbaren „Kräften" des Absoluten, durch die die sinnlich wahrnehmbaren Dinge aufeinander wirken. Für den Monismus der „Philosophie der Freiheit" ist diese Theorie des metaphysischen Realismus unannehmbar. R. ST. führt dazu aus: „Wenn der metaphysische Realismus behauptet, dass neben der ideellen Beziehung zwischen dem Wahrnehmungsobjekt und seinem Wahrnehmungssubjekt noch eine reale Beziehung zwischen dem 'Ding an sich' der Wahrnehmung und dem 'Ding an sich' des wahrnehmbaren Subjektes bestehen muss, so beruht diese Behauptung auf der falschen Annahme eines den

Prozessen der Sinnenwelt analogen nicht wahrnehmbaren Seins-Prozesses. Wenn ferner der metaphysische Realismus sagt: mit meiner Wahrnehmungswelt komme ich in ein bewusst-ideelles Verhältnis; mit der wirklichen Welt kann ich aber nur in ein dynamisches (Kräfte-) Verhältnis kommen, so begeht er nicht weniger den schon gerügten Fehler. Von einem Kräfteverhältnis kann nur innerhalb der Wahrnehmungswelt (dem Gebiete des Tast-Sinnes), nicht aber außerhalb desselben die Rede sein." (Kap. Gibt es Grenzen des Erkennens?) – Will man der Widerlegung, die Rudolf Steiner dem transzendentalen Realismus Eduard von Hartmanns zuteil werden lässt, ihren tieferen Sinn abgewinnen, so liegt er in nichts anderem als im Absolutheitscharakter des „Denkens" der „Philosophie der Freiheit". Während für Mach ein Welt-Subjekt, das – antimetaphysisch – die Beziehungen zwischen den Wahrnehmungen denkt, nicht vorhanden ist und auch gar nicht in Aussicht genommen wird, stellt sich dieses Subjekt als das spezifische „Denken" der „Philosophie der Freiheit" vor. Man hat es in dieser „Philosophie der Freiheit" mit einem Urphänomen des Sichselbstwissens der Weltwirklichkeit zu tun.

Die „Kräfte" der modernen Naturtheorie sind also für die „Philosophie der Freiheit" Fiktionen, „hypothetisch angenommene unsichtbare Realitäten". Es könnte nun scheinen, H. Witzenmann schlage den grundsätzlich rechten Weg ein, wenn er zur Lösung des „Bewegungsproblems" und speziell zur Lösung des Rätsels der Selbstbeweglichkeit des „Menschen" die physikalische Kraft-Vorstellung ausschließt und zwecks Erklärung der Motilität des Körpermenschen auf die *Selbstbeweglichkeit des Denkens* rekurriert. Im Denken – „wenn das Denken als reine, in der Ausgestaltung seiner eigenen Gesetzlichkeit wirksame Tätigkeit erfasst wird" –

erscheine der Welt-Geist in seiner urbildenden Selbstbeweglichkeit, meint H. Witzenmann (S. 243); und die Erkenntniswissenschaft H. Witzenmanns erklärt die Selbstbeweglichkeit des Körpermenschen durch die Selbstbeweglichkeit des Denkens, notabene des Denkens von Herrn Müller und Fräulein Meier. Aber ich glaube nicht, dass die moderne Physik, wie hilfsbedürftig auch ihr notleidender Zustand sein mag, begierig sei, sich diese Patentlösung des „Bewegungsproblems" zunutze zu machen. Und erst recht wartet der Schöpfer der Geisteswissenschaft nicht darauf, hinsichtlich des „Bewegungsproblems" erkenntniswissenschaftlich begönnert zu werden; denn Rudolf Steiners Philosophie der Holzklötze hatte doch festzustellen, dass es physikalisch gleichgültig ist, ob sich ein Holzklotz bewegt oder ein Mensch (Vortrag 4544). Da nun der Holzklotz über eine selbstgefällige Selbstbeweglichkeit seines Denkens nicht verfügt, Herr Müller und Fräulein Meier sich aber hinsichtlich ihrer Bewegungen in gleicher Kondition befinden wie der Holzklotz, können Herr Müller und Fräulein Meier von der Unwichtigkeit ihres selbstbeweglichen Denkens beim Zustandekommen ihrer Bewegungen überzeugt sein. Wir verhalten uns sogar richtig, wenn wir uns als tote Holzklötze betrachten, an denen das Wunder geschieht, dass die Toten auferstehen und zu gehen und sich zu bewegen anfangen. Die für unsereiner, d.h. für uns Meier, Müller und Huber relevante anthroposophische Beleuchtung des gelösten Bewegungsproblems lautet: „Wir erleben mit unserem Ich die Teilnahme an unseren Bewegungen" (Vortrag Nr. 4544). Man kann diesen Satz übenderweise auch noch anders lesen: „Ihr – Meier, Huber, Müller – erlebt mit unserem Ich die Teilnahme an der Selbstbewegung der *Welt*, die ein Mensch ist." Man kann wirklich keinem Physiker zumuten, unter dem Subjekt der Beweglichkeit jemand Geringeren zu verstehen als die – *Welt*.

Um die grausame Illusion der erkenntniswissenschaftlichen Lösung des „Bewegungsproblems", wie sie im Anthroposophisch-Medizinischen Jahrbuch 1952 angeboten wird, noch besser durchschaubar zu machen, schalte ich einige Reflexionen über den Kraftbegriff nebst einem Seitenblick auf die Entwicklung der Physik als Glied der abendländischen Geistesgeschichte ein. Ich betonte schon, dass eine universelle physikalische Weltanschauung auf den Begriff der Kraft nicht verzichten kann. Der Goetheanismus hatte in der „Philosophie der Freiheit" sein letztes Wort noch nicht gesprochen, wenn er die wesenhaft begriffliche Natur der „Kräfte" feststellte. Es folgte auf die „Philosophie der Freiheit" das Buch „Theosophie". Ich zitiere einen Passus aus diesem Buche „Theosophie": *„Im Geistesorganismus des Menschen, in seinem zum vollkommenen Gehirn ausgebildeten Nervensystem haben wir sinnlich sichtbar vor uns, was an den Pflanzen und Tieren als unsinnliche Kraftwesenheit arbeitet."* Schau, schau! höre ich den Erkenntniswissenschaftler sagen; es scheint sich zu verlohnen, zur Kenntnis zu nehmen, dass man den Schritt von der Philosophie zum Buche „Theosophie" hin tun kann. In dieser „Theosophie" gibt es nun also das Unwahrscheinliche: sinnlich sichtbare „Kräfte", d. h. Kraft, die in völliger inhaltlicher Identität als sinnliche Wahrnehmung gegeben ist. Der Erkenntniswissenschaftler sagt: Jetzt fange ich an zu ahnen, was GOETHEANISMUS sein könnte. Bisher nämlich war es so, dass jüngere Akademiker der Ansicht waren, es sei Goetheanismus, wenn einer den Plunder seines Universitäts-Schulsackes mit Anthroposophiebegeisterung verzierte.

Wer sich von der Schönheit der Universität bestrahlen lässt, wird gewiss eine „Quantenbiologie" fortschrittlicher finden als die gewaltigen Ideen eines Haeckel, dessen Forscherarbeit von der Geisteswissenschaft ausdrücklich als „elementare Theosophie" respektiert wird. Ernst Haeckel – – – wenn Haeckel nicht wegen seiner römischkatholischen Vorvergangenheit von einer so unbändigen Furcht vor dem Welt-Anthropomorphismus besessen wäre, warum sollte er den neuen theosophisch-physikalischen Gedanken der „Kraft" – das Gehirn des Vollendeten die Kraft des *Werdens* des Gehirns; die Ontogenie resp. das Genie des On die Ursache der Phylogenie; der Anfang die *Wirkung* des Endes – nicht bemerkenswert und sogar akzeptabel finden? Ist es für Goetheanisten nicht impressionierend, dass Haeckel seiner Natürlichen Schöpfungsgeschichte Goethes Hymnus an die Natur voranstellte? Was geht es die Goetheanisten an, wenn diesem Nachkriegszeitalter die Restauration beliebt? Das werte Alte kann heute nur in einem unwahrscheinlichen Neuen noch konserviert werden. S o ungeschickt kann zuletzt weder der deutsche Geist noch die Welt sein, um die Offenbarung der Theosophie Goethes auf die Dauer zu überhören. – Das abgebrannte erste Goetheanum brachte künstlerisch zum Ausdruck, wie die „Kraft" des Welt-Werdens sinnlich anschaubar gemacht werden kann.

Nun ist also, nach Tausenden von Jahren, wieder einmal ein neuer Gedanke in die Welt getreten: der Gedanke der Kraft, die sinnlich wahrnehmbar ist. Aus der Vollmacht des Goetheanismus gilt jetzt: Eine „Kraft", die von bloß gedanklicher Wesenheit wäre und nicht irgendwo mit ihrem totalen Inhalt als Sinneswahrnehmung auftreten könnte, wäre eine „idealistische" Fiktion. Man kann mit dem „objektiven Idealismus" (von „Wahrheit und Wissenschaft") zwar den unheimlichen Beruf des Freien ausüben; man kann aber mit dem objektiven Idealismus nicht das physikalische Bewegungsproblem meistern. Die Lösung des Bewegungsrätsels ist überhaupt keine bloße Erkenntnisaufgabe, denn sie besteht in der *Erschaffung des Anfanges der Bewegung*. Der neue Gedanke der sinnlich erscheinenden Kraft ist weder unzumutbar noch braucht er dem gesunden Menschensinn Schwierigkeiten zu bereiten. Wenn nach der Raffael-Kraft gefragt ist (H. Grimm sprach von der „Weltmacht Raffael"), so wird man in dem von Raffael gemalten Bilde die sichtbare Raffael-Kraft sinnlich anschauen können. Oder wenn die anthroposophische Kosmologie die Kraft-Beziehung zwischen Sonne und Erde untersucht und exakt erkennt, so blickt sie auf die *Aufrechtheit*, die den Menschen auszeichnet, nicht aber dem Tiere eignet (vgl. den „Astronomischen Kurs", Stuttgart, Januar 1921). Die Körperform des *ganzen* Menschen ist ebenso die sichtbare *Kraft* des Universums, wie die angeschaute Form des Gehirns die an Pflanze und Tier arbeitende Kraft ist. „Im Geistesorganismus des Menschen, in seinem zum vollkommenen Gehirn ausgebildeten Nervensystem haben wir sinnlich sichtbar vor uns, was an den Pflanzen und Tieren als unsinnliche Kraftwesenheit arbeitet" (Theosophie, 1904). Ich rechne mit der Möglichkeit, dass anthroposophische Erkenntniswissenschaftler irgendeinmal den Schritt aus dem objektiven Idealismus in die Theosophie des Goetheanismus wagen werden.

Die abendländische Wissenschaft ist mit den Begriffen gebaut, die von den Griechen ererbt sind. Neue Begriffe sind im Abendland nicht geschaffen worden, mit der einzigen Ausnahme des Goetheschen Gedankens der Metamorphose. Im Prinzip musste beim neuzeitlichen Ende des abendländischen Wissenschaftsverlaufes genau ebensoviel wieder herauskommen, als von den Griechen am anderen Ende in den Verlauf hineingesteckt worden war. Und da ist denn unter dem von den Griechen Hineingesteckten das Ausschlaggebende die famose „Logik" des Aristoteles. Man ist jetzt dabei, zu bemerken, dass die weltberühmte Logik natürlich eine philosophische Anthropologie bedeutet: Aristoteles beobachtete, dass der menschliche Körper nicht zugleich sterblich und ewig ist. Diese anthropologische Einsicht verursachte das hehre „Kontradiktionsgesetz", an das noch Franz Brentano nicht weniger zuversichtlich glaubt als an das Einmaleins. Das Kontradiktionsgesetz, der logische Hauptsatz vom auszuschließenden Widerspruch, hat aber einen *Inhalt*, und hat zum Inhalt einzig die Selbsterkenntnis des Aristoteles, er sei als Körpermensch nicht zugleich sterblich und unsterblich. Aus Wut und Verzweiflung über diese Selbsterkenntnis dekretierte er: es darf, es soll, es kann nicht etwas zugleich sein und nicht sein. Auf Grund dieses aus der Verzweiflung und Ohnmacht geborenen Willkürdekretes, auf Grund der „Logik" also, wurde im Abendlande „Wissenschaft" gemacht, – bis sich zur Sanierung des alten Heiden die Einsicht empfahl: der Göttliche Menschenkörper, nachdem er am Kreuze gelitten, sei *zugleich sterblich und ewig*. Mit anderen Worten: Da eine wissenschaftliche Physik niemals etwas anderes als Gotteslehre sein kann, hat sie als ihr totales Forschungsobjekt die Auferstehung des Gottes Menschenkörper aus dem Tode zu betrachten, was nur eine bequeme Formel für den Begriff des „geschlossenen Weltprozesses" ist. Aus diesem Grunde ist es auch, dass die Theosophie unter den „Naturkräften" die Handlung Eines Toten zu verstehen hat. Und wenn die Theologie das Thema der Apokatastasis an die Physik abtreten muss, dann wird diese Theologie eben zusehen müssen, dass sie den

Anschluss an die Theophysik nicht verpasst. Unter Apokatastasis versteht man in der Theosophie Goethes die Tatsache, dass die natürlichen Dinge ein „Ich" haben, d. h. dass ein Göttliches da ist, das als das Salzkörnchen, als das Schneeglöckchen und als das Nashorn „Ich" sein will.

Als Galilei und Newton die Bewegung der physischen Körper erforschten, ergab sich ihnen als das Interessante an der Bewegung nicht die Bewegung, sondern die *Geschwindigkeit* resp. die Geschwindigkeits-Änderung. Weshalb waren nun Galilei und Newton nicht in der Verfassung, die Frage zu bilden: W a s ist Geschwindigkeit? Sie konnten nicht im entferntesten daran denken, diese Frage ernstlich zu stellen. Es wird sofort verständlich, weshalb ihnen diese Erzfrage nicht möglich war, wenn die *Antwort* vorliegt, aus der die Frage erst abgeleitet werden kann. Die Antwort lautet: *Die „Kraft" Geschwindigkeit ist als sinnliche Wahrnehmung die sichtbare F O R M des Menschenkörpers, des Gottes Menschenkörper.* Der geschlossene physikalische Weltvorgang hat nämlich den Inhalt, dass der göttliche Körper der *wird*, der er in Ewigkeit schon immer *ist*. Es ereignet sich die „Synchronizität" (der von C. G. Jung geschaffene Begriff der „Synchronizität" ist ernstlich brauchbar) des Seins und des Werdens der Welt. Jetzt im Augenblick wird der Körper mit *absoluter* Geschwindigkeit der, der er ist, wobei das bisherige Absolute der Einsteinphysik, die Lichtgeschwindigkeit, relativiert wird, d. h. als die Handlung Eines Toten *in der Zeit* auftritt. (Ich nehme die Beiträge von Ingenieur Otto Brühlmann, Kreuzlingen, sehr ernst, der seit dreißig Jahren die akademische Physik über den Wahnsinn ihres Begriffes „Licht" aufzuklären versucht. Brühlmann wird sich klar werden müssen, dass das Wesen „Licht" mit Reminiszenzen an die idealistische Philosophie nicht zu begründen ist, dass

„Licht" als göttlicher „Geist" mehr als eine „Idee" ist, nämlich ein *Körper*, – der als „Welle" und „Korpuskel" in seinen Willenstaten sich nicht „komplementär" delektiert, sondern reell Eins und Einer ist.)

Es gehörte in der Epoche, als Galilei und Newton die Geburtsstunde der wissenschaftlichen Physik veranstalteten, indem sie das „Trägheitsgesetz" kreierten, nicht zu den Denkgewohnheiten von Bürgern und Genossen des christlichen Abendlandes, sich den Gott als Körper vorzustellen. Galilei und Newton machten Wissenschaft unter der Zucht der Denkgewohnheiten ihrer Zeit. Die zivilen Denkgewohnheiten sind es ja, die letzten Endes die Effekte des Höhenfluges akademischer Wissenschaft bestimmen. Denkgewohnheiten ändern sich sehr langsam, Jahrhunderte können ihnen nichts anhaben, und es ist das undankbare Geschäft von großen Menschheits-Erziehern, die Denkgewohnheiten der Menschen mit Aufwand von viel List in neue Bahnen zu lenken. Welches die Denkgewohnheit im Zeitalter Galileis war, kann man bei dem fallierten römischen Priester Franz Brentano studieren, der im Jahre 1911 noch genau so denkt, wie man zur Zeit des Aristoteles gedacht hat und wie man auch zur Zeit Galileis dachte, auch wenn sich Galilei als wilder Rebell gegen den Aristotelismus seiner Zeit vorkam. „Es ist unbewegt", sagt Brentano in seinem 1911 publizierten Buche „Aristoteles und seine Weltanschauung", und Brentano meint: es gibt die Existenz eines absolut Notwendigen, und dieses ist unbewegt. Volkstümlicher ausgedrückt heißt das: der körperlose Gott ist das absolut Notwendige, und er ist unbewegt. Dass Brentano per Philosophenurteil darüber verfügt, dass der Gott „notwendig" existiere, ist, zurückhaltend gesagt, eine alberne Frechheit. Denn z. B. das Faktum der Antwort, aus dem die

Frage „Was ist der Mensch?" abgeleitet werden muss, beruht nicht auf philosophisch einsehbarer Notwendigkeit, sondern ist purster *Zufall* (ist, um mit Prof. C. G. Jung zu sprechen, „Synchronizitäts"-Geschehen, d. h. Schöpfung aus Nichts). Immerhin ist Brentano vorsichtiger als der erkenntniswissenschaftliche H. Witzenmann; Brentano sieht nicht etwa in der Selbstbeweglichkeit des göttlichen Denkens die Erklärung für die Motilität des Menschenkörpers, denn selbstverständlich muss vom Gesichtspunkte des Physikalischen aus die Bewegtheit des göttlichen Denkens (im Sinne der Brentanoschen Gottesvorstellung) als *Unbewegtheit* angesehen werden. Wie sollte auch der Körperlose physikalische Bewegungen ausführen! Auch haben die Verehrer des Körperlosen noch niemals angenommen, ein moralischer Akt des körperlosen Gottes und ein natürlicher physischer Vorgang seien *eines* Wesens, also ein ethischer Akt zugleich physikalische „Wärme". – Der göttliche Spinoza erregte den Abscheu der Hüter des Abendlandes, weil er Gott und die Welt als Ein Wesen heiligte. – Bei Rudolf Steiner heißt es: „Als physischer Mensch sind wir 'Menschen', – als physischer Mensch..." (Zyklus 42, 7, S. 160).

Solch einem Brentano kann der Gedanke des Gottes Menschenkörper nicht zugemutet werden: dass der aus eigenster Vollmacht sich bewegende Gott Körper ein intuitiv erfahrenes URPHÄNOMEN ist, ein Allerletztes, das nur eine Vorderseite hat und keine Rückseite, hinter der sich erst noch eine aristotelische prima causa versteckt hielte. Es ist wie ein grandioser Witz der Weltgeschichte, dass Rudolf Steiner zur gleichen Zeit in Wien Philosophie studierte – zugleich in seiner Eigenschaft als Autor der dermaleinst noch berühmt werdenden Einleitungen zu Goethes Naturwissenschaftlichen Schriften –, als Brentano in Wien Philosophie dozierte. Der Student Rudolf Steiner wird gelegentlich auch einmal in das berühmte Kolleg Brentanos hineingerochen haben, man wollte als Student schließlich im Bilde sein. Von Brentano hat er allerdings jene epochale Beleuchtung der Grundfrage des „Bewegungsproblems" nicht bezogen, die er in der Einleitung zum dritten Bande von Goethes Naturwissenschaftlichen Schriften, der 1890 erschien, publizierte:

„Wir mögen von wo immer ausgehen; wenn wir geistige Kraft genug haben, treffen wir zuletzt auf die *Idee*. – Indem die moderne Physik dies vollständig verkennt, wird sie zu einer ganzen Reihe von Irrtümern geführt. Ich will hier nur auf einen solchen als Beispiel hinweisen. – Nehmen wir die Definition des in der Physik gewöhnlich unter den 'allgemeinen Eigenschaften der Körper' angeführten *Beharrungsvermögens*. Dies wird gewöhnlich folgendermaßen definiert: kein Körper kann ohne äußere Ursache den Zustand der Bewegung, in dem er sich befindet, verändern. Diese Definition erweckt die Vorstellung, als wenn der Begriff des an sich trägen Körpers aus der Erscheinungswelt abstrahiert wäre. Und Mill, der nirgends auf die Sache selbst eingeht, sondern zum Behufe einer erzwungenen Theorie alles auf den Kopf stellt, wird keinen Augenblick anstehen, die Sache so zu erklären. Dies ist aber doch ganz falsch. Der Begriff des trägen Körpers entsteht rein durch eine begriffliche Konstruktion. Indem ich das im Raume Ausgedehnte 'Körper' nenne, kann ich mir solche Körper vorstellen, deren Veränderungen von äußeren Einflüssen herrühren und solche, bei denen sie aus eigenem Antrieb geschehen. Finde ich nun in der Außenwelt etwas, was meinem gebildeten Begriffe 'Körper, der sich nicht ohne äußeren Antrieb verändern kann' entspricht, so nenne ich diesen *träge* oder dem Gesetz des Beharrungsvermögens unterworfen. Meine Begriffe sind nicht aus der Sinnenwelt abstrahiert, sondern frei aus der Idee konstruiert, und mit ihrer Hilfe finde ich mich erst in der Sinnenwelt zurecht. Die obige Definition könnte nur lauten: Ein Körper, der nicht aus sich selbst heraus seinen Bewegungszustand ändern kann, heißt ein träger [der große Fritz Mauthner nickt beifällig zu diesem 'heißt']. Und wenn ich ihn als solchen erkannt habe, dann kann ich alles, was mit einem trägen Körper zusammenhängt, auch auf den in Rede stehenden anwenden."

Im Texte Rudolf Steiners stehen vor dieser Begutachtung des „Trägheitsgesetzes" (heute sagen sie delikater „Impulserhaltungsgesetz", um die Erinnerung an den nicht ganz einwandfreien Geburtsschein des Begriffes des trägen Körpers auszulöschen; vgl. Prof. Hermann Weyl, Physik als symbolische Konstruktion des Menschen, Eranos-Jahrbuch 1948) monumentale Gedanken über das Verhältnis von Geist und Natur. Wissenschaftliche Fragen, heißt es da, sind eine Angelegenheit, die der Geist mit sich selbst auszumachen hat. „Wahre Wissenschaft im höheren Sinne hat es nur mit ideellen Objekten zu tun; sie kann nur Idealismus sein." Durch solche Äußerungen im Frühwerk Rudolf Steiners lässt sich die erkenntniswissenschaftliche Gruppenseele die Trägheit ihres Willens sanktionieren, der den Schritt vom Idealismus zur Geisteswissenschaft noch nicht wagt. „Wenn wir geistige Kraft genug haben", sagt R. ST., „treffen wir zuletzt auf die *Idee.*" Also Platonismus? Aber nein, in Wien wurde gegen 1890 die Grundlage bereitet zur Sanierung des zweitausendjährigen Platonismus, – als Franz Brentano an der Wiener Universität philosophia perennis machte und der Student Rudolf Steiner durch Karl Julius Schröer zum Autor der Einleitungen zu Goethe erwählt wurde. Der Platonismus ist saniert und rehabilitiert, wenn nun die „Idee" ein göttlicher KÖRPER sein darf, ein Körper *a l s* Geist.

Brentano spielt perfekt auf der alten wurmstichigen Philosophenleier, indem er des Aristoteles Meinung über das Wesen der Bewegung vorführt (Brentano, Aristoteles und seine Weltanschauung, 1911, S. 69-70). Eine Bewegung – meint Aristoteles – sei nie anders als unvollkommen wirklich. Es lassen sich in ihr immer Teile unterscheiden, nach welchen sie nicht ist, sondern nur war oder sein wird. Sie besteht, solange sie besteht, nur einem ihrer Momente nach, bald nach diesem, bald jenem. Da sie nun keinem ihrer Teile nach und keinem ihrer Momente nach schlechthin notwendig ist, so kann sie überhaupt nicht schlechthin notwendig sein. Sie müsste, um schlechthin notwendig zu sein, allen ihren Teilen und Momenten nach schlechthin notwendig sein, während sie offenbar nach keinem schlechthin notwendig und, einen einzigen ausgenommen, nach keinem auch nur wirklich sein kann. Keine Bewegung kann also das schlechthin Notwendige sein, auf welches das Entstehen und Vergehen als erste Ursache zurückzuführen ist; vielmehr muss jede Bewegung selbst eine wirkende Ursache haben. – Brentano-Aristoteles beweisen hier also, dass keine Bewegung *göttlich* (notwendig und vollwirklich) sein kann, mit andern Worten: dass die Selbstbewegung der Welt, die Ein Mensch ist, nicht ein intuitiv erfahrenes URPHÄNOMEN sei. Das ist nun ein untadeliger negativer Gottesbeweis, die Abrogation Gottes. Brentano scheint als Zeitgenosse Friedrich Nietzsches nicht einmal geahnt zu haben, dass Götter alt werden können und verderben, damit mächtigere zum Zuge kommen können. Es ist peinlich, wenn die Biographen des Priesterphilosophen Brentano berichten, dieser habe noch wenige Wochen vor seinem Tode versichert, er werde binnen kurzem seinen streng philosophischen Gottesbeweis fertiggestellt haben. Als Brentano am 17. März 1917 in Zürich verstarb (als gerade Lenin aus Zürich mit der Protektion Ludendorffs im plombierten Wagen durch Deutschland nach Russland verreiste), da scheint der repräsentative Mann nicht gewusst zu haben, dass die Zeit der Philosophie abgelaufen ist. – Gewiss konnte Platon sich nicht zumuten, unter dem „Guten" einen Körper zu verstehen, doch rechnet der theosophisch verstandene Christus-Impuls mit der Möglichkeit, dass auch die Ideenwelt der Erlösung teilhaftig werden kann (vgl. Rudolf Steiners Vorträge über die Philosophie des Thomas von Aquino, in Dornach an Pfingsten 1920).

Die Geburtsstunde der wissenschaftlichen Physik ist eine Rebellion gegen genau die von Brentano referierte Meinung des Aristoteles über die Bewegung. Galilei widerlegte die Behauptung, dass jede Bewegung selbst wieder eine wirkende Ursache haben müsse. Er widerlegte den alten Griechen durch das moderne naturwissenschaftliche Experiment; aus dieser Widerlegung erwuchs die Physik der Neuzeit. Sogar die vom Papste subventionierte thomistische Universität Freiburg in der Schweiz findet es heute zeitgemäß, bei Galilei Abbitte zu leisten und ihm ein „neues Denken" zugute zu halten. Prof. Friedrich Dessauer („Der Fall Galilei und wir", 1943) charakterisiert das „neue Denken" Galileis, das zum Denkstil der wissenschaftlichen Physik wurde. „Neu" ist dieses Denken relativ zum Aristotelismus, der mit seiner eitlen Substanzen-Lehre im Zeitalter Galileis zur Landplage geworden war. Absolut genommen ist das „neue Denken" natürlich nichts anderes als der Inbegriff des akademischen Materialismus und Atheismus, der 1943 den wohlfeilen Segen der Kirche bekommen kann, während die Kirche vormals bessere Instinkte gehabt zu haben scheint, wenn sie in Galilei einen Erzfeind witterte. Prof. Dessauer meint, bei Aristoteles gehe die Physik aus dem „Wesen" der Dinge hervor; er berücksichtigt nicht, ob Aristoteles legitimiert war, über das angebliche „Wesen" der Dinge zu befinden, wo doch Aristoteles bei der theosophischen Apokatastasis jedenfalls noch nicht dabei war. Nach Aristoteles also ist das physikalische Verhalten der Dinge ihrem „Wesen" entsprechend, mithin z. B. die Ortsveränderung eines körperlichen Dinges eine Folge seines „Wesens", indem jedes Ding an den seinem „Wesen" angemessenen Ort in der Welt zustrebe, – der schwere Stein nach einem Ort in der Tiefe, der Kinderluftballon nach einem Ort im Luftraum. Die moderne wissenschaftliche Physik dagegen erkläre das physikalische Verhalten der Dinge nicht aus dem „Wesen", nicht das „Wesen" des Steines oder des Kinderluftballons verändert deren Zustand im Weltraum, sondern es sind *von außen angreifende Kräfte*, die seit Galilei und Newton den Zustand der Körper verändern, wobei die „Kräfte" prinzipiell nicht Eigenkräfte von Dingen, sondern *Welt*-Kräfte sind. Die Sorge des Freiburger Professors Dessauer, der sich mit der Glorifizierung des „neuen Denkens" offensichtlich die Katholizität der materialistischen modernen Physik beweisen will, braucht *meine* Sorge nicht zu sein. Dagegen habe ich ein bestimmtes Dictum Rudolf Steiners im Ohre: „Der Materialismus der Wissenschaft ist erst eine Folge des Materialismus in der Religion" (Zyklus 2, 6, 9).

Galilei leitete eine Weltwende ein, als er den Thomismus des alten Heiden Aristoteles in Frage stellte. Der *weltanschauliche* Gehalt der Taten Galileis ist erschöpfend enthalten im „Trägheitsgesetz", das von Newton „klassisch" formuliert wurde. Aber nun muss dieses „Trägheitsgesetz" in analoger Weise als ein Produkt der anthropologischen Selbsterkenntnis durchschaut werden, wie in der Entdeckung der „Logik" durch Aristoteles ein Akt seines tieferen Selbstverständnisses gesehen werden muss. Es gibt ebenso den *wahren Inhalt* des „Trägheitsgesetzes", wie es (vgl. oben S. 114) den wahren Inhalt des logischen „Kontradiktionsgesetzes" gibt. Der *Inhalt* des „Trägheitsgesetzes" kann folgendermaßen ausgesprochen werden:

Im Abendlande, als Galilei die wissenschaftliche Physik begründete, herrschte die Denkgewohnheit, sich den Gott unkörperlich vorzustellen. Da nun einzig Gott aus sich selbst heraus geschieht, ihm aber das Körpersein abgesprochen wird, so kann es keinen natürlichen physischen Körper geben, der sich aus eigener Vollmacht verändert. Es kann in der Welt der Körperdinge kein absolutes Geschehen geben (mit Ausnahme des modernen Wunders der Lichtgeschwindigkeit), denn irgendein Geschehen ist stets nur Geschehen relativ zu anderem Geschehen, z. B. das geschehende Können des Gottes im Basler Münster relativ zum Können des Pfarrer-Professors Fritz Buri. Man sollte dahinter kommen und einsehen, dass die vermeintlich so originelle Physik nie etwas anderes war als maskierte *Theologie*. Die griechischen Erbbegriffe, mit denen im Abendlande „Wissenschaft" gebaut wird, sind zuerst Begriffe der Theologie. Der Grundgedanke der abendländischen Theologie: der von der Welt verschiedene unkörperliche Gott, ist auch der Grundgedanke der Physik. Diese Physikotheologie weiß: es gibt den göttlichen Körper nicht; Körper geschehen niemals aus eigenem Vermögen; sie haben darauf zu warten, bis eine von außen kommende Kraft ihren Zustand verändert. – Nun ist aber Physik vermutlich dennoch, obzwar die moderne Physik sich über das Objekt ihrer Forschung den verwirrendsten Illusionen hingibt, *Wissenschaft vom Körper*. Dann aber hatte die Galilei-Physik von Beginn an wenig Aussicht, das Programm, Wissenschaft des Körpers zu sein, zu erfüllen. Und heute ähnelt diese Physik – als eine „Konstruktion in reinen Symbolen" nach Prof. H. Weyl – stark einer spätbürgerlichen Lyrik.

Sind die anthroposophischen Akademiker ernstlich entschlossen, sich von den anti-anthroposophischen Zumutungen der Universität zu befreien? In physikalischer Hinsicht ist die Summe der universitären Anti-Anthroposophie im „Trägheitsgesetz" enthalten. Diese Behauptung muss ziemlich paradox erscheinen. Am allerwenigsten jedenfalls besteht das akademische Anti-Anthroposophische aus den Zufallsvorstellungen, die sich Leute der Universität von dem Rätselkomplex „Anthroposophie" machen, der ja als Komponente auch die anthroposophische Selbstbefragung enthält, ob geschwindelt werden soll.[2] Es besteht die anthropo-

2 Es gab unter den bisherigen akademischen Beiträgen zur anthroposophischen Bewegung sonderbare Sachen. Die Doktorarbeit (1928) eines anthroposophisch orientierten Physikers über „Grundfragen der Physik im Lichte Goethe'scher Erkenntnisart" („dem Andenken Rudolf Steiners, dem umfassendsten Geiste unserer Zeit in Verehrung und Dankbarkeit gewidmet") setzt sich zur Aufgabe, zu dem *„Urphänomen der Thermometrie"* hinzuleiten (S. 79). Bisher hat kein Goetheanismus die peinliche Aufgabe übernommen, darauf aufmerksam zu machen, dass jede Art von „Metrie", d. h. jede Messabsicht das sicherste Mittel ist, um ein Urphänomen unanschaubar zu machen. Ein Urphänomen der Thermo-Metrie ist eine widersinnige Unmöglichkeit. Ein Messakt kann immer nur ein zu dem Urphänomen aus menschlicher Willkür von außen Hinzugefügtes sein, das dem Urphänomen völlig gleichgültig ist. Diese Feststellung bedeutet keine Diskreditierung des Messens. Der Goetheanismus braucht

sophische Aufgabe einer klaren Distanzierung gegen eine auf den konsequenzenreichen Irrtümern des „Trägheitsgesetzes" beruhende Physik. Dabei kommt der Ausweg des Selbstbewegers Viktor von Weizsäcker nicht in Betracht: die Flucht aus dem Ernst der Physik in die untragische „Biologie", die Kränkung des Schöpfers Tod, und der leidige Versuch, der arroganten armen Seele in einer eitlen „Psychosomatik" mit amerikanischem Segen noch einmal eine

das Ideal der „exakten" Naturwissenschaft nicht zu kränken. Es gibt indessen auch „exakte" *Anschauung*. Wo angeschaut wird, ist das Subjekt-Objekt des Anschauens die Seelenfülle des ICH – und für „Metrie", d. h. für Zeigerablesungen, keine Gelegenheit. Wenn man schon einen *Urteilsakt* über Quantität und Qualität von Wärme haben will, halte man sich an die Urteilskompetenz der Geistesforschung, die am 19. Dezember 1914 in Dornach (Vortrag Nr. 2988) ausführte: „Indem wir hineindringen in unseren Leib aus der Welt der Substanzen der höheren Hierarchien, derjenigen Substanzen, aus denen geboren werden die moralischen Impulse, die in unsere ganze Organisation hereindringen, geschehen unsere Willensimpulse, unsere Handlungen. Alles, was wir tun, geschieht dadurch, dass diese Willensimpulse in uns tätig sind. Da geschieht nicht nur dasjenige, was äußerlich in der Welt durch uns vor sich geht, sondern insofern es moralisches Handeln ist, sammeln dieses moralische Handeln die Seraphim. *Dieses moralische Handeln ist die Wärmequelle für die ganze Weltordnung.* Unter dem Einflusse von Menschen, die unmoralisch handeln, erfrieren die Seraphim, d. h. sie bekommen keine Wärme, mit der sie heizen könnten die ganze kosmische Welt. Unter dem Einflusse des moralischen Handelns erlangen die Seraphim jene Kräfte, durch welche die kosmische Weltordnung so unterhalten wird, wie durch die physische Wärme die physische Weltordnung. – Sie sehen, sehr real wird die Weltanschauung, die uns die Geisteswissenschaft gibt. Sie bringt uns zum Bewusstsein: Wenn du denkst, vorstellst, bist du das *angezündete Licht der Cherubim*. Wenn du handelst, wenn du etwas tust, den

Gnadenfrist zu besorgen. Bei der von den anthroposophischen Akademikern einzunehmenden Haltung treten Fragen des Standesbewusstseins und der akademischen Solidarität auf. Es ist noch ungewiss, ob die anthroposophischen Akademiker entschlossen sind, z. B. die folgende Überlegung anzustellen:

Wie kann es angehen, dass allergescheiteste Köpfe jenen *Schund* denken mögen, jene Annahme, dass die Körper von irgendeiner Ewigkeit her veranlasst sind, sich beharrlich ge-

> Willen entfaltest, dann bist du die Wärmequelle, die *Feuerquelle der Seraphim*. Wir schreiten durch die Welt, indem wir uns bewusst sind, dass wir darin nicht nur als nutzlose Taugenichtse sind, sondern darinnen stehen in der Weltordnung zum Nutzen der ganzen Weltordnung, wie wir es auch in der Hand haben, in der Welt zu sein eine Quelle von Finsternis. Denn wollen wir dumpf und dumm sein und nicht denken, dann vermehren wir die Finsternis, und die Folge davon ist, dass die Cherubim kein Licht haben; sind wir unmoralisch, so vermehren wir die Kälte in der ganzen Weltordnung, und die Seraphim haben keine Wärme. – Nicht solche bloßen Theorien gibt uns die Geisteswissenschaft, wie das die äußere Wissenschaft tun kann, wenn sie nicht praktische Wissenschaft ist und zur richtigen Anwendung führt. Die Geisteswissenschaft gibt uns etwas, durch das wir erst wissen lernen, was wir als Mensch in der ganzen Weltordnung darinnen sind. Dasjenige, was dann aus der Geisteswissenschaft folgt, ist ein Wesentliches, ein Wichtiges. Es ist ein *erhöhtes Verantwortlichkeitsgefühl gegenüber dem Menschensein*. Man fühlt, welche Aufgabe man gegenüber dem Kosmos hat, indem man Mensch ist; man fühlt, dass man Mensch im richtigen Sinne sein kann und Mensch im nicht richtigen Sinne sein kann: dass man zu Finsternis und Kälte, oder zu Licht und Wärme in der Weltordnung das Seinige geben kann. – Man möchte gerade mit diesem praktischen Ziele, mit diesem lebenspraktischen Ziele, die Geisteswissenschaft in die Welt hineintragen, auf dass sie die Herzen

radlinig gleichförmig fortzubewegen, wenn nicht eine von außen einwirkende Kraft diesen Ewigkeitszustand verändert. In dem Buche „Evolution der Physik" von Einstein-Infeld (Wien 1950) heißt es S. 17: „Nehmen wir an, jemand geht entlang einer ebenen Straße mit einem Schubkarren und hört plötzlich zu schieben auf. Der Karren wird dann noch eine kurze Strecke weiterrollen, bevor er zum Stehen kommt. Wir fragen uns jetzt: Wie lässt sich diese Strecke

ergreife. Denn man kann sicher sein, dass dann die Geisteswissenschaft wirklich imstande sein wird, eine neue menschliche Seelenverfassung und damit überhaupt eine ganz neue Form des menschlichen Erlebens auf der Erde und weiterhin im Weltall zu erzeugen, weil sie nicht nur ein Wissen überliefert, diese Geisteswissenschaft, sondern eine Quelle von wahren, echten Lebenskräften ist. – Man möchte so gern, dass dieses erfasst werde, so recht tief erfasst werde von denen, die heute den Drang fühlen zu dieser Geisteswissenschaft! Denn allzusehr wird noch diese Geisteswissenschaft als etwas Äußerliches genommen, allzusehr noch so, dass sie auch wie anderes Wissen die Neugierde oder sagen wir die Wissbegierde befriedigen soll. Aber der Ernst muss wachsen, mit dem die Geisteswissenschaft ins Leben hineingestellt wird." – Es wäre fatal, wenn vom akademischen Physiker angenommen würde, das *Physikalische* in der Mitteilung der Geistesforschung über die Heizkraft des Moralischen hinsichtlich des Weltvorganges samt Entropie sei weniger *wissenschaftlich* als das Wissenschaftliche einer Technischen Hochschule. – Ich habe immer bedauert, dass der Zweite Naturwissenschaftliche Kurs über Wärme-Lehre vor Fachleuten und Lehrern der Freien Waldorfschule in Stuttgart im März 1920 (herausgegeben von der Naturwissenschaftlichen Sektion am Goetheanum) nicht den Titel trägt, der seinem Inhalte entspräche: *„Das Wärmewesen"*, weil dieser sachgemäße Titel dazu anregen könnte, unter dem „Wärme-Wesen" (der Ausdruck ist eine Umschreibung für den anthroposophischen Gottesbegriff) ein moralisches Wesen zu denken.

vergrößern? und erkennen, dass es dafür verschiedene Möglichkeiten gibt. Man kann die Räder schmieren, kann aber auch die Straße glätten. Je leichter sich die Räder drehen, je glatter die Straße ist, desto weiter wird der Karren rollen. Und was wird durch das Schmieren und Glätten eigentlich im Grunde erreicht? Nun, nichts weiter als eine Verminderung der äußeren Einflüsse, der sogenannten Reibung, und zwar sowohl in den Rädern als auch zwischen den Rädern und der Straße. Das ist nun aber bereits eine theoretische Interpretation des beobachteten Tatbestandes, eine, man muss schon sagen, willkürliche Auslegung. Wenn wir nun noch einen bedeutsamen Schritt weitergehen, so werden wir gleich die richtige Spur haben. Stellen wir uns eine vollkommen glatte Straße vor und denken wir uns einen Karren mit Rädern, bei dem es überhaupt keine Reibung gibt. Einen solchen Karren könnte nichts mehr aufhalten; er müsste bis in alle Ewigkeit weiterrollen. Zu diesem Schluss kommt man allerdings nur, wenn man von einem Idealversuch ausgeht, der sich ja niemals tatsächlich durchführen lässt." Es ist doch eine sehr ungenierte Unredlichkeit, einen „Idealversuch", der sich nicht durchführen lässt, einen „Versuch", d. h. ein Experiment zu nennen.

Eine Gelegenheit, sich zum Dasein zu erwecken, bietet dem wünschbaren anthroposophisch-akademischen Selbstbewusstsein die von viel Geräusch protegierte Theorie der *Akausalität* von Vorgängen, die als (ursachlose) „Wirkungen" definiert werden. Die heute übliche Art der Unterscheidung von „klassischer" (Newton) und moderner Physik (Planck) nimmt an, der Kausalismus habe die Physiktheorie beherrscht bis etwa 1900, seither sei er als Folge der Quantentheorie preiszugeben, was schwerwiegende Umstellungen in der Gesamtweltanschauung zur

Folge habe und der „modernen Physik" außerdem eine Führerstellung im Geistigen zuweise (wovon die peinlich kitschigen Gottesspekulationen Bavinks zeugen). Diese von einem geschäftigen Physikjournalismus verbreitete Theorie des Unterschiedes von klassischer und moderner Physik ist nicht haltbar und wird verschwinden. Längst nämlich war schon Galilei der Mann, der den Kausalismus des Aristoteles überwand. Aristoteles, der sich die prima causa unbewegt denkt, muss nach der Ursache der empirischen Bewegung fragen; Galilei zeigte, dass dieser (metaphysische) Kausalismus der Holzweg ist, der verlassen werden muss, wenn *wissenschaftliche* Physik gemacht werden soll. Wenn die von Galilei ausgehende spätere Physik für die „Kraft", die das Maß der Geschwindigkeit bildet und kein Metaphysicum, sondern eine zweckdienliche Fiktion ist, faute de mieux den Namen und Begriff „Ursache" verwendete, so kommt dieser „Ursache" nur eine rein *logische* Bedeutung zugunsten der Schönheit des theoretischen Systems zu. Die Entwicklung der Physik hatte lange vor 1900 im Zusammenhange mit der Eliminierung des Kraft-Begriffes die Umstellung vom Kausalismus zum reinen Funktionalismus vollzogen, der – wie etwa bei Mach – auf den Begriff „Ursache" gern und leicht verzichten kann. Wenn die Theorie des kausierenden unwahrnehmbaren Masse-Punktes „klassisch" ist, dann deswegen, weil sie einen klassischen philosophischen Nonsens, die „unwahrnehmbare Wahrnehmung", zur Grundlage hat. „Ursachen sind in der Natur nur in der Form von Wahrnehmungen vorhanden" (R. ST.); der kausierende Massenpunkt aber ist das Muster einer unwahrnehmbaren Wahrnehmung. Ähnlich wie bei Mach heißt es bei Rudolf Steiner („Philosophie der Freiheit"): „In der Natur sind nirgends Begriffe als Ursachen nachzuweisen; der Begriff erweist sich stets nur als der ideelle Zusammenhang von Ursache und Wirkung. Ursachen sind in der Natur nur in Form von Wahrnehmungen vorhanden." Mach hält den Begriff der Ursache zur Erklärung der Natur überhaupt für überflüssig. „In der Natur – sagt er (Mechanik, 8. Aufl., S. 459) – gibt es keine Ursache und keine Wirkung. Die Natur ist nur *einmal* da." Das ist bewunderungswürdig konsequent, aber leider ist Machs Annahme, die Natur sei nur einmal da, falsch. Denn wenn die Natur da ist aus der „Kraft der Erinnerung" des Göttlichen Körpers, der, indem er sich erinnert, wie er geworden ist, den Weltvorgang in der Gegenwart als Schöpfung hervorbringt, dann ist das Argument Machs wesenlos. – Und ferner: In den Sinneswahrnehmungen der Menschen nimmt nach der theosophischen Einsicht die Welt sich selbst wahr; im Weltsubjekt des Wahrnehmens geschieht ein Vorgang, der sich aus Ursache und Wirkung zusammensetzt: „In demjenigen, was ein Organ wahrnimmt, liegt zugleich die Kraft verborgen, durch die das Organ selbst gebildet wird." (Geheimwissenschaft, S. 81). – Die *„Kraft der Erinnerung"* bedeutet den Inbegriff von *physikalischer* „Kraft" überhaupt; die anderen physikalischen Kräfte oder Energien – Elektrizität, Magnetismus, Gravitation, Chemismus, theosophisch verstandene „Wärme" – sind Modifikationen und Arten der weltschöpferischen „Kraft der Erinnerung" (vgl. Dr. C. Unger, Esoterisches, betreffend den R.-ST.-Vortrag in Pforzheim am 7. März 1914, Nr. 2900).

Der Goetheanist darf sich zurückhaltend zeigen gegen die angeblich von der „modernen" Physik bewirkte Weltanschauungsrevolution. Man hätte sich das Staunen über die famöse Akausalität der intimsten Naturvorgänge für eine passendere und gehaltvollere Gelegenheit aufsparen sollen. Die Selbstbewegung des „Gottes" Menschenkörper, des Makrokosmischen Menschen, ist *akausales Weltgeschehen*. Der geisteswissenschaftlich fundierte Akausalismus wird sich von den Spekulationen der jüngsten Physik zu unterscheiden wissen. Das Interessante an der akausalen physikalischen Weltbewegung ist der *Anfang* der Bewegung. Aristoteles verdarb die ganze Sache für Jahrtausende, wenn er *anstatt des Anfanges* die Ursache der Bewegung erfrug, damit dann Galilei wenigstens in bezug auf diesen Irrtum der Gegner des Aristoteles sein konnte. Nun kann man über den Anfang der Bewegung nicht sprechen, ehe nicht am Begriffe der Zeit einige kräftige Retouchen vorgenommen sind.

Die größte Blamage haben uns die Griechen, unsere Wissenschaftsväter, mit dem Geschenk ihrer Vorstellung von der *ZEIT* besorgt. Unter den Begriffen, die das Wissenschaft treibende Abendland von den Griechen erbte, ist der Zeitbegriff der fatalste. Es ist ein für Platon und Aristoteles unerreichbarer Gedanke, dass die Handlung des Gottes Menschenkörper *a-zeitliches* physikalisches Geschehen sein könne. Aristoteles bestreitet ausdrücklich die Möglichkeit, aktuell Unendliches zu erkennen. Inzwischen hat das Abendland, im Gefolge der mechanischen Wärmetheorie und des in ihr fundierten Energiekonstanzgesetzes, Vorstellungen über den Gesamtweltvorgang ausgebildet; aber nun waren die philosophischen Ideen in bezug auf Zeit absurd unzulänglich. Dazu ist im Zeichen der Theosophie Goethes zu sagen: Die Zeit ist eine Eigenschaft des *abgeschlossenen* Weltprozesses. In der *gegenwärtigen* Handlung des Gottes Körper durchdringen und decken sich – jetzt im Augenblick – das Ende und der Anfang des geschlossenen Weltvorganges. Diese Handlung ist als physikalisches Geschehen *a-zeitlich*. Die reelle „Gegenwart" ist kein Modus der Zeit; Vergangenheit und Zukunft sind ebenfalls keine Modi der Zeit, sie sind in bestimmter Weise ausgeweitete Gegenwart (Gottes). Es gibt in der irdischen Sinnenwelt a-zeitliches, *ewiges* Geschehen. Mit Goethe! (und trotz Eberhard Grisebach!). Mit griechischer Philosophie ist allerdings ein physikalisch aktuell Unendliches nicht zu begreifen. Dass die Zeit eine Wechselwirkung zwischen dem Anfange und dem Ende des abgeschlossenen Weltprozesses sei, und daher die *wirkliche* Zeit „Gottes eigene Zeit" (Karl Barth), diesen Gedanken dachten die Griechen ebensowenig wie den Gedanken des Gottes KÖRPER. Den Erben des griechischen Unvermögens, den Generalen der modernen Physik ist unsere Sorge um ein gegenwärtig-ewiges Physikum fremd. Diese Erben höhnen: „Die Hoffnung, man werde ... doch noch dem objektiven Geschehen oder der absoluten Zeit auf die Spur kommen, dürfte nicht besser begründet sein als die Hoffnung, irgendwo in der Antarktis werde schließlich doch noch das Ende der Welt gefunden werden." (Werner Heisenberg, Wandlungen in den Grundlagen der Naturwissenschaft, 8. Aufl., 1948) – Warum verläuft die Zeit im Physischen einsinnig? Warum ist der Naturverlauf nirgends umkehrbar? Warum also gibt es die reversiblen Prozesse auch nur als Fiktion um der Schönheit der Theorie willen? Die Theosophie Goethes lehrt, dass die Zeit in der Astral-Welt, d.h. im leibfreien Bewusstsein des Weltsubjektes, rückwärts verläuft. Zyklus 1, 2. Vortrag, S. 8: „Die Zeit und die Ereignisse gehen in der Astral-Welt rückwärts, z. B. sehen wir im Physischen zuerst die Henne und dann das Ei. Im Astralen sieht man umgekehrt erst das Ei und dann die Henne, welche das Ei gelegt hat. Im Astralen bewegt sich die Zeit zurück; erst sieht man die Wirkung, dann die Ursache. Daher der prophetische Geist; niemand könnte künftige Ereignisse voraussehen [notabene:

vom qualitativen Ende des Weltvorganges aus, B.], ohne dieses Rückwärtsgehen von Zeitereignissen." Die irdische Physik hat es mit Ereignissen der *physischen* Welt zu tun. Warum also verläuft die Zeit im Physischen in einsinniger Richtung? Antwort: Einzig wegen des *Inhaltes* des physischen Weltvorganges, der darin besteht, dass der Gott Menschenkörper in einer „geschichtlichen" Welt der „Entwicklung" der wird, der er ist. Die Zeit für sich ist nichts, sie ist eine Eigenschaft des Weltprozesses, der einen bestimmten Inhalt hat.

Die nicht enden wollenden Diskussionen über die Subjektivität und Objektivität von Zeit und Raum sind jetzt antiquiert und museumsreif geworden. Zeit und Raum sind Eigenschaften der Welt, die Ein Mensch ist. Wir selbst – die Meier, Huber, Müller usw. – sind „als physischer Mensch 'Menschen'" (Zyklus 42, 7, S. 160). Und sofern wir also „Menschen" sind, gilt: „Raum und Zeit sind gleichzeitig in uns und außer uns, während wir (wir Meier, Huber, Müller usw.) mit der Geschwindigkeit nicht verbunden sind." Wie schonend konnte sich doch Rudolf Steiner ausdrücken, wenn er vor Akademikern und Fachleuten über die Formel $v=s/t$ seinen zornigen Hohn ausschüttete! Er sagte in Stuttgart am 27. Dezember 1919 im Ersten Naturwissenschaftlichen Kurs über Licht-Lehre: „Nun besteht die Meinung, dass man hat irgendwo in der Natur eine durchlaufene Raumstrecke s, eine Zeit, während welcher die Raumstrecke durchlaufen worden ist, dann dividiert man die reale Raumstrecke s durch die reale Zeit t und bekommt die Geschwindigkeit v, die man eigentlich als etwas nicht gerade sehr Reales, sondern als eine Funktion betrachtet, als etwas, was man als Rechnungsresultat herausbekommt. So ist es in der Natur nicht. Von diesen drei Größen Geschwindigkeit,

Raum und Zeit, ist die *Geschwindigkeit das einzige wirkliche Reale*, das einzige Wirkliche. Dasjenige, was außer uns [außer uns Meiern, Müllern, Hubern usw.] ist, ist die Geschwindigkeit; das andere, s und t, das bekommen wir dadurch, dass wir gewissermaßen dividierend spalten das einheitliche v in zwei abstrakte Dinge, die wir auf Grundlage vorhandener Geschwindigkeit bilden. Wir verfahren gewissermaßen so: Wir sehen einen sogenannten Körper mit einer gewissen Geschwindigkeit durch den Raum fliegen. Dass er diese Geschwindigkeit hat, ist das einzig Wirkliche. Aber wir denken jetzt, statt dass wir diese Totalität des Geschwinden, des geschwinde fliegenden Körpers, ins Auge fassen, wir denken in zwei Abstraktionen. Dadurch, dass eine Geschwindigkeit da ist, ist ein gewisser Weg da. Den betrachten wir zuerst. Dann betrachten wir als Zweites die Zeit, während welcher dieser Weg durchmessen wird und haben aus der Geschwindigkeit, die einzig und allein da ist, herausgeschält durch unseren Auffassungsprozess Raum und Zeit; aber dieser Raum ist gar nicht anders da, als dass ihn die Geschwindigkeit macht, und die Zeit auch nicht anders. Raum und Zeit, bezogen auf dieses Reale, dem wir das v zuschreiben, sind keine Realitäten, sind Abstrakta, die wir eben von der Geschwindigkeit aus bilden, und wir kommen nur zurecht, meine lieben Freunde, mit der äußeren Realität, wenn wir uns klar sind darüber, dass wir in unserem Auffassungsprozess diese Zweiheit, Raum und Zeit, erst geschaffen haben, dass wir außer uns als Reales nur die Geschwindigkeit haben, dass wir Raum und Zeit erst geschaffen haben meinetwillen durch die zwei Abstraktionen, in die uns die Geschwindigkeit auseinanderfallen kann. Von der Geschwindigkeit können wir uns trennen, von Raum und Zeit können wir uns nicht trennen, die sind in unserem Wahrnehmen, in unserer wahrnehmenden Tätigkeit drinnen; wir sind eins mit Raum und Zeit. Was ich jetzt sage, ist von großer Tragweite: *Wir sind eins mit Raum und Zeit!* Bedenken Sie das! Wir sind nicht eins mit der Geschwindigkeit draußen; aber mit Raum und Zeit. Ja, dasjenige, womit wir eins sind, das sollten wir nicht so ohne weiteres den äußeren Körpern zuschreiben, sondern wir sollten es nur benutzen, um in einer entsprechenden Weise zur Vorstellung der äußeren Körper zu kommen. Wir sollten sagen: Durch Raum und Zeit, mit denen wir innig verbunden sind, lernen wir erkennen die Geschwindigkeit, aber wir sollten nicht sagen: Der Körper läuft eine Strecke durch, sondern nur: Der Körper hat eine Geschwindigkeit. Wir sollten auch nicht sagen: Der Körper braucht eine Zeit, sondern nur: Der Körper hat eine Geschwindigkeit. Wir *messen* durch Raum und Zeit die Geschwindigkeit. Raum und Zeit sind unsere Instrumente, und sie sind an uns gebunden, und das ist das Wichtige. Hier sehen Sie einmal wiederum scharf abgegrenzt das sogenannte Subjektive mit Raum und Zeit und das Objektive, was die Geschwindigkeit ist. Es wird sehr gut sein, meine lieben Freunde, wenn Sie sich gerade dieses recht klar machen; denn dann wird Ihnen eines aufleuchten innerlich, es wird Ihnen klar werden, dass v nicht bloß der Quotient aus s und t ist, sondern, dass allerdings der Zahl nach das v ausgedrückt wird durch den Quotienten von s und t, aber was ich durch die Zahl ausdrücke, ist innerlich durch sich ein Reales, dessen Wesen besteht darinnen, eine Geschwindigkeit zu haben ... Meine lieben Freunde, es ist jetzt noch sehr viel Königsbergerei in den Menschen, ich meine *Kantianismus*. Diese Königsbergerei muss noch ganz heraus; denn es könnte jemand glauben, ich hätte jetzt selber so gesprochen im Sinne der Königsbergerei. Da würde es heißen: Raum und Zeit sind in uns; aber ich sage nicht: Raum und Zeit sind in uns, sondern, indem wir das Objektive, die Geschwindigkeit wahrnehmen, gebrauchen wir zur Wahrnehmung Raum und Zeit. Raum und Zeit sind gleichzeitig in uns und außer uns, aber wir verbinden uns mit Raum und Zeit, während wir uns mit der Geschwindigkeit nicht verbinden. Die saust an uns vorbei. Also das ist etwas wesentlich anderes als das Kantisch-Königsbergische."

„Wir sind nicht eins mit der Geschwindigkeit draußen."
„Die saust an uns vorbei." Dies gilt nun auch in bezug auf die Geschwindigkeit der beweglichen Körper, in denen die Meier, Huber, Müller usw. als Seelen (besser: als „Geistesmenschen") wohnen. Meier, der illusionsfroh zu seinem Körper „ich" sagt, hat zu bedenken und festzuhalten: die Geschwindigkeit, mit der ich mich bewege, die saust an mir vorbei. Was ist denn das, die Geschwindigkeit Meiers als das physikalische Reale, das an Meier vorbei saust? Die Geschwindigkeit – auch Meiers – ist die Weltkraft, durch welche die Form des vollendeten Menschen wird, was sie ist. Beim Gotte Menschenkörper wirkt diese Kraft zeitlos, aktuell ewig. Anders bei Meier. Dieser kann sich nicht identifizieren mit der physikalischen Weltwirklichkeit der Geschwindigkeit seiner Körperbewegung; die saust an ihm vorbei (z. B. offensichtlich im Embryonalstadium und in der Zeit des Wachstums). Das sich wissende „Dasein" der Meier und Müller in *einer* ihrer Inkarnationen ist nicht *gegenwärtiges* physikalisches Geschehen. Der *Sinn* des Daseins der Meier und Müller erfüllt sich nicht in der Gegenwart einer *einzigen* Inkarnation. Der Daseins-Sinn *einer* Inkarnation ergibt sich als ein Schnittpunkt zwischen Vergangenem und Zukünftigem. In dem von Meier erlebten „Ich" ist Vorstellung und Wille; die Vorstellungen Meiers stellen ihrer Realität nach den *Keim* zu der nächstfolgenden Inkarnation dar, und in den Willensakten Meiers ist das wir-

kende Reale nicht etwa das gegenwärtige „Ich", sondern das „Ich" der vorherigen Inkarnation. Die Irrealität der „Gegenwart" der Meier und Müller – als Schnittpunkt zwischen Vergangenem und Zukünftigem – hat ihre Realität in der *Geschwindigkeit* des groß geschriebenen MENSCHEN, oder mit Karl Barth in „Gottes eigener Zeit", das heißt in der SEELE, die der Gott Menschenkörper dem geschlossenen Weltvorgange und darin den Meiern und Müllern zur Verfügung stellt.

In H. Witzenmanns Lösung des „Bewegungsproblems" liegen diese Sachen anders. Die erkenntniswissenschaftliche Durchdringung der Physik ergab bekanntlich: „Bewegungen sind Urteile", d. h. das Wirkliche der Bewegung eines Körpers fällt in das persönliche Urteil von H. Witzenmann und ähnlichen Erkenntniswissenschaftlern. Das Wirkliche der Bewegung, nach Rudolf Steiner die Geschwindigkeit, saust an H. Witzenmann nicht vorbei, es ist im Gegenteil darauf angewiesen, sich vom Erkenntniswissenschaftler seine Wirklichkeit, die es noch gar nicht hat, erst einmal besorgen zu lassen.

Das Interessanteste an der Bewegung – ich sagte es schon – ist der *Anfang* der Bewegung. Wenn Aristoteles-Brentano vom göttlich Notwendigen sagen: „es ist unbewegt", so sagt die Theosophie Goethes in bezug auf den Gott Körper: „er bewegt sich". Seine Bewegung hat einen Anfang, und das Sonderbare ist, dass dieser Anfang in die Ewigkeit fällt. Anfang ist eben mehr als eine *zeitliche* Kategorie. Seinerzeit hat sich Thomas von Aquino vorbehalten, die Frage, ob der Anfang der Weltschöpfung in die Ewigkeit fallen könne, in seiner nächsten Inkarnation zu beantworten. Heute sehen sich sogar einzelne Fachphysiker gedrängt, das physikalisch

Reale als außerzeitliches und außerräumliches Geschehen vorzustellen.

Es ist ganz klar, dass der Anfang der physikalischen Weltbewegung in die *GEGENWART* zu fallen hat. Um zu verstehen, dass die Weltschöpfung ein Attribut der Welt ist, wird man auf jenen barbarischen Zauber eines volkstümlichen Theismus verzichten müssen, der da tünt: zuerst sei nichts gewesen, und dann – päng! – sei etwas gewesen. Unter dem Nichts wird man verstehen wollen, dass der die Welt seiende Gottkörper so nichtig sein will wie ein – Toter, damit er aus dem Tode auferstehen kann. (Dieser Vorgang fällt nicht in die Möglichkeiten des Bourgeois-„Daseins" Martin Heideggers.) Das Christentum als Wissenschaft steht erst im Anfange seiner Entwicklung.

Um ein Urphänomen für den Anfang der physikalischen Weltbewegung zu haben, wird die Physik bei der Theosophie Goethes Nachfrage halten müssen. Zu irgendeiner – ferneren oder näheren – Zeit wird das Folgende geschehen sein: Die geisteswissenschaftlich definierte Idee der INTUITION hat sich ereignet. Die Intuition als Welt-Geschehen zeigt die Umwelt eines Subjektes als dessen „Ich". Aber dies nun nicht nur im Sinne der theosophischen Bologna-These von 1911, sondern in einem darüber hinausreichenden Sinne. Das bei den äußeren Dingen hausende „Ich" des Zentralsubjektes ist auf eine Anzahl von Menschen des Umkreises verteilt, aber so, dass der ICH in der Vielzahl von Menschen des Umkreises ein Toter ist, der jetzt als die Andern sich auferweckt. Im handelnden Umgange mit den Menschen des Umkreises hat der Mittelpunktsmensch als seinen *Willen* die physisch und geistig sichtbaren Anderen. Indem er handelt, als der Wille eines aufstehenden Toten von außen auf sich zukommend, ist seine handelnde Bewegtheit als die Selbst-Bewegung der Welt zugleich der *Anfang der Bewegung*, ein Goethesches Urphänomen des Anfanges der Bewegung.

Sehr geehrter Herr Dr. Kienle, zur Entschuldigung der Länge dieses Briefes kann ich mich nur der Hoffnung hingeben, dass sein Inhalt Sie, sehr geehrter Herr Doktor, nicht langweilen möge. Der Zufall und meine Liebe zur Weltgeschichte haben es gefügt, dass dieser Brief das Datum des 5. März 1953 trägt.

Hochachtungsvoll
K. B.

Die maßgebliche Äußerung Rudolf Steiners über die motorischen Nerven im ersten von vier Vorträgen über „Psychosophie" im November 1910 in Berlin lautet:

„Es wird Ihnen sonderbar vorkommen, dass ich mit so vielen Worten die elementaren Begriffe des Seelenlebens auseinandersetze. Sie werden vielleicht glauben, dass man auch schneller über diese Dinge hinweggehen könnte. Man könnte das vielleicht, aber weil diese Verhältnisse im wissenschaftlichen Leben im weitesten Umfange eben nicht beobachtet werden, deshalb werden Fehler über Fehler gemacht.

Hier wollen wir einen Kapitalfehler nennen, der heute gemacht wird. Die, welche diesen Fehler machen, verwickeln sich da, indem sie weitgehende Konsequenzen ziehen, in Irrtümer: weil sie eben von ganz falschen Voraussetzungen ausgehen. Sie können in vielen physiologischen Büchern finden: Wenn wir irgendwie die Hand oder das Bein bewegen, so käme das daher, dass wir in unserem Organismus nicht nur solche Nerven haben, die von den Sinnesorganen zum Gehirn oder zum Rückenmark gehen und die Botschaft gleichsam dorthin leiten; sondern die Sache wird überall so dargestellt, als ob diesen Nerven andere gegenüberstünden, die man im Gegensatz zu den Empfindungs- oder Wahrnehmungsnerven Bewegungsnerven nennt. Wenn ich also den Gegenstand sehe, so wird die Botschaft der Sinnesorgane zunächst zum Gehirn geleitet, und man glaubt nun, dass der dort ausgeübte Reiz dann zunächst ausströme auf einen Nerv, der zum Muskel geht, und dass dann erst der Ansporn zur Bewegung erfolge. Vor den Augen der Geisteswissenschaft aber ist es nicht so. Was hier Bewegungsnerv genannt wird, ist als physisches Gebilde tatsächlich da, dient aber nicht dazu, die Bewegung auszulösen, sondern nur die Bewegung selber wahrzunehmen, zu kontrollieren, um ein Bewusstsein von der Eigenbewegung zu haben. Gerade so, wie der Augennerv, durch den Sie einen äußeren Vorgang wahrnehmen, ein Empfindungsnerv ist, so ist auch Ihr Muskelnerv, der zur Hand geht, ein Empfindungsnerv, um die Bewegung Ihrer Hand zu kontrollieren.

Dieser wissenschaftliche Denkfehler über die sogenannten Bewegungsnerven ist ein Kapitalfehler, der die ganze Physiologie und Psychologie verdorben hat."

Ergänzende Briefe

Brief von Hermann Poppelbaum, 7. Januar 1953

Sehr geehrter Herr Ballmer!

Für Ihre Briefe vom 17. und 31. Dezember danke ich Ihnen und bitte, mir die Verspätung nicht übel zu nehmen. Ich glaube, es ist am besten, wenn ich Ihre beiden Briefe unmittelbar an Herrn Dr. Kienle schicke, und hoffe, dass Sie nichts dagegen haben. Die Sprache Ihrer Briefe ist ja allerdings (Sie werden es selber wissen) schwer zu verkraften!

Das Problem, das Sie aufwerfen, ist andererseits wichtig genug, um die Sache nicht fallen zu lassen. Sie entsinnen sich vielleicht, dass wir schon einmal – vor wohl zwanzig Jahren! – Briefe über die „physiologischen Grundlagen der Freiheit" gewechselt haben. Ob Dr. Kienle Ihren Einwurf (oder den Fehdehandschuh) aufnimmt, müssen wir sehen.

Mit freundlichen Grüßen
Dr. H. Poppelbaum

Brief von Gerhard Kienle, 20. Februar 1953

Sehr geehrter Herr Ballmer!

Herr Dr. Poppelbaum hatte die Freundlichkeit, die beiden Briefe an mich weiterzusenden, die Sie an ihn bezüglich der Publikationen von Herrn Dr. Husemann, Herrn Witzenmann und mir richteten. Abgesehen davon, dass der angeschlagene Ton ungehörig ist, sind Ihre Briefe doch etwas sonderbar. Sie finden es empörend, dass die Darstellungen und Intentionen der Verfasser nicht mit den Vorstellungen übereinstimmen, die Sie von den bestimmten Inhalten haben. Sie fragen gar nicht nach dem Grund der Abweichung, nach Ihrer Ansicht können also gar nicht mangelndes Verständnis oder ungenügende Kenntnis Ihrerseits vorliegen, sondern allein aus der Tatsache, dass die angegriffenen Darstellungen nicht auf Ihre Meinungen zutreffen ergibt sich Ihnen die Berechtigung einer moralischen Beurteilung.

Sehr geehrter Herr Ballmer, entweder sind Sie in höchstem Maße ungezogen und undiszipliniert, sodass Sie nicht einmal ordentlich denken können, oder die Gründe Ihrer Überzeugungen beruhen nicht auf logischen Einsichten sondern auf gestörten Organfunktionen. Wenn sachliche wissenschaftliche Auseinandersetzungen Sie zu solchen Selbstgesprächen führen, dass deren Ergebnis sogar noch auf Ihr ungenügend ausgebildetes sittliches Empfinden aufstößt, dann kann ich Ihnen nur dringend eine ärztliche Konsultation anempfehlen.

Wenn ich Ihnen einen persönlichen Rat geben darf, dann würde ich Ihnen empfehlen, bis zur Normalisierung Ihres Zustandes – durch Selbsterziehung oder ärztliche Behandlung – sich strikteste literarische Enthaltsamkeit aufzuerlegen, denn die Projektion Ihrer Seelenzustände nach außen nützt Ihnen gar nichts sondern ist Ihnen wirklich nur abträglich.

Mit den besten Wünschen
Ihr G. Kienle

Brief von Gerhard Kienle, 29. April 1953

Sehr geehrter Herr Ballmer!

Zu meinem großen Erstaunen habe ich Ihre Anzeigen in den „Kommenden" gelesen. Sie haben leider meinen Brief nicht beachtet, er war wirklich wohlmeinend geschrieben. Sie sollten sich lieber behandeln lassen als Ihre Seelenzustände gedruckt vor aller Welt zu verbreiten. Ich muss Sie aber darauf aufmerksam machen, dass Sie meinen Namen missbrauchen, Sie können doch nicht unter meinem Namen etwas veröffentlichen ohne mich zu fragen! Sie täuschen den Menschen vor, dass in diesem Schrieb etwas von meinen Untersuchungen über die Nervenphysiologie vorhanden wäre. Ich muss von Ihnen daher eine Unterlassung der Veröffentlichung verlangen, oder ich werde rechtliche Schritte gegen Sie unternehmen. Ich kann Sie nur versichern, dass ich Ihren Ungezogenheiten in der jeweils notwendigen Form begegnen werde. Ich möchte Sie also noch einmal im Guten mahnen, meinen Brief zu beachten und die Herausgabe der angekündigten Veröffentlichung zu unterlassen.

Ihr Dr. G. Kienle

Brief an Gerhard Kienle, 2. Mai 1953

[Ohne Anrede]

Ich fürchte, dass Sie Ihre Rolle bei der Angelegenheit der Broschüre „Briefwechsel über die motorischen Nerven" noch nicht begriffen haben.
Karl Ballmer

Ergänzungen aus den Entwürfen

Entwurf „Es musste ..."

Es musste ...

Wir fragen in Deutschland nach der *Ursache* der physikalischen Bewegung. Das bedeutet, dass wir jetzt dabei sind, uns von den bösen Folgen des griechischen Erbes zu verabschieden. Wenn wir die westpolitische Physik angekommen sehen beim Thema der *ursachlosen* „Wirkungen" als dem Letzten und Ersten, mit dem es die Physik zu tun habe, so finden wir: es musste aus der abendländischen Naturwissenschaft zuletzt exakt genau soviel wieder herauskommen, als von den griechischen Wissenschaftsvätern hineingelegt worden war. Aristoteles hatte die richtige Vorstellung, dass die Welt und ihre Bewegung *ewig* sind. Wenn nun Aristoteles nach der Ursache der ewigen Bewegung frug, kam er in Verlegenheit. Als Ursache der ewigen Bewegung – das ist in Deutschland unsere Ansicht – konnten für Aristoteles im Ernst nur Sinneswahrnehmungen in Betracht kommen. Aber Aristoteles war hinsichtlich solcher Wahrnehmungen in Verlegenheit, und so bildete er als Verlegenheitsauskunft treugriechisch den Begriff des Ersten Bewegers. Seither gibt es im christlichen Abendland bis zu Hegel hin abstrakte Begriffe, die sich selbst sowie die Natur und Geschichte bewegen. Galilei erkannte gründlich, dass mit der Wesensschau und dem Ersten Beweger des Aristoteles allenfalls christliche Politik, aber keine Physik zu machen war; man durfte sich nicht an die selbstgefällige Intuition, man hatte sich an die beobachtbare Sinnenwelt zu halten. Im Verein mit Newton inszenierte Galilei die Geburtsstunde der Westphysik: die Entdeckung des Trägheitsgesetzes. Die klassische „Kausalität" kam zu Ehren. Bedeutete diese Kausalität etwa, dass man als Zuschauer beobachtete, wie die gegenwärtig ewig geschehende W E L T ihre Einheit auseinanderfaltet in Ursache und Wirkung? Nicht im Entferntesten! Erstens hatte Newton als Gentleman die abendländische Ehrensache zu honorieren, dass die Welt ihren Schöpfer nicht als ihre Eigenschaft in sich hat, sondern dass der extramundane „Gott" die Welt einst gemacht hat; und zweitens war die famose Kausalität hauptsächlich ein zweckmäßiges Instrument – in Voraussicht kommender materialistischer Industriezeitalter – zum Bau von Maschinen. Und schließlich war die famose klassische „Kausalität" dann geeignet, in den rohen Mechanikervorstellungen des Helmholtzevangeliums ein törichtes Bild vom Weltvorgang zu halluzinieren. Dann brach das Entscheidungsjahr 1900 an, damit klar wurde, was für ein trauriger Ersatz diese klassische „Kausalität" war gegenüber dem strengen Anspruch eines *echten* Kausalismus, der sich als die Selbstunterscheidung der Welt nach Ursache und Wirkung versteht. Das Zeitalter der klassischen Kausalität war nur eine vorübergehende Episode in dem von Platon und Aristoteles eingeleiteten Schicksal der abendländischen Intelligenz. Wenn in Griechenland in den Intelligenztresor der ursachlos wirkende Gott gelegt worden war, so konnten um 1900 auch wiederum nur „ursachlose Wirkungen" aus dem Tresor herausgenommen werden. Nun war also die „Kausalität" erschüttert, – Tante Bavinka war ebenfalls erschüttert, und auch Pascual Jordan und alle Europäer seiner Art.

[Es folgt noch die handschrifliche Bemerkung:]

Vom einigen Subjekt-Objekt der Bewegung

Auswahl einiger faksimilierter Notizen

Wie kann es nur angehen, dass allergescheiteste Köpfe einen *Schund* denken mögen wie den folgenden, den ich dem Buche „Evolution der Physik" von Einstein-Infeld (Wien 1950) entnehme: „

    Dr.   das Wirkliche die Geschwindigkeit
             die saust an uns vorbei
    Witzenmann: das Wirkliche ist mein Urteil
    Dr.   *Ideal* der Trägheit

„Im Anfang ist die Kraft der Erinnerung" sagte R. ST in Pforzheim am ... zwecks Amplifizierung des Johannes-Evangeliums (vgl. Carl Unger, Esoterisches). Das war ein Physikthema. Die „Kraft der Erinnerung" wäre also die „Kraft", deren Derivate die „Kräfte" der Gravitation und Masse, der Elektrizität und des Magnetismus,

Wenn jemand glauben sollte, die „Philosophie der Freiheit"
sei vom Gesichtspunkte des abendländischen Spießers weniger ruchlos als die Weltanschauung Max Stirners, so be-
fände er sich im Irrtum, und er möge sich bezüglich seines
Irrtums belehren lassen durch den Brief, mit dem Rudolf
Steiner am ... die Zusendung der eben erschienenen „Phil
d. Fr." an John Henry Mackay begleitete. Dieser Brief findet
sich jetzt abgedruckt in dem zweiten Bande (Ostern 1953)
der von der Dornacher R. St.-Nachlassverwaltung herausgegebenen „Briefe" (bisher I u. II). Hier ist er:

Erscheinen:

Briefwechsel
über die
motorischen Nerven

Zwischen Dr. Poppelbaum, Dr. Kienle und
Karl Ballmer
DM

Verlag Fornasella, Besazio, Schweiz
Zu beziehen durch Buchhandlung
E. Meikle, Kunsthof 13, Rothenbaumst. 23

H. G. in fede

Kienle-Witzenmann

Die Vorstellung, daß der Geist
sich bei einer Bewegungsabsicht dem
Organismus zuwendet
ist _unvereinbar_ mit
dem Begriff der Intuition
in Pneumatosophie

Es kann zunächst nicht mehr
geschehen, als daß sich die
Herren ein Gefühl dafür erwerben,
daß sie — schwindeln.
Nicht langes Studium des A.

Auch andere fromme "christliche" Leute schwindeln
Lohmeyer Dein Körper I, 323

Anfang Ich protestiere dagegen, daß man mit
R.ST. Windladen treibt   Ziff. 16 der Zueignung
was ich auf der 1. Seite ereignet, ist Windladerei
Kienle Einleitung

Sowohl vom Standpunkte der Unsensibilität aus
vom anthr. Standpunkt ein indiskutables Unwahren

Kienle – Witzenmann

Die Vorstellung, dass der Geist sich bei einer Bewegungsabsicht dem Organismus zuwendet ist *unvereinbar* mit dem Begriff der Intuition in Pneumatosophie

Es kann zunächst nicht mehr geschehen, als dass sich die Herren ein Gefühl dafür erwerben, dass sie – schwindeln.

Zuerst langes Studium der A.

Auch andere fromme „christliche" Leute *schwindeln*

Lohmeyer Dein Körper S. 323

Anfang
Ich protestiere dagegen, dass man mit R. ST. Schindluder treibt
Ziff. 16 der Zus.fassung
Kienle Einleitung
was sich auf der 1. Seite ereignet, ist Schindluderei

Sowohl vom Standpunkte der Universität wie vom anthr. Standpunkt ein undiskutabler Schmarren

Ich protestiere gegen den *Unernst*, den man sich gegenüber R ST erlaubt

23. 2. 53

~~Warum lebt er kaum nicht. Nerven?~~
Warum es keine motorischen Nerven gibt

Man glaubt, das Zustandekommen der
menschlichen Bewegung erklären zu sollen.
Wie aber, wenn die Selbstbewegung des
Menschen eine nicht weiter ableitbare
Urphänomen ist, das alle übrigen
physikalische Bewegungen, die es in der Welt
gibt, erklärt?

Was es im akademischen Sinn als ~~Naturwissenschaft~~
Wissenschaft getrieben wird, seit Jahrhunderten,
beruht insgesamt auf der Unterstellung, Welt
und Mensch seien nicht eine, sondern zwei
Wesenheiten, und auf der Konsequenz dieser
Unterstellung: der körperliche Einzelmensch,
~~als Winzder stehe der Welt~~ als der
Welt _gegenüberstehend_, empfange Einwirkungen
der Welt, und sei als ein auf diese
Einwirkung _Reagierendes_ zu verstehen.
Die gesamte Physiologie ist aufgebaut
auf der Grundvorstellung, man habe die
Reaktionen der (so genannten) Menschen
auf die Aktionen der Welt zu erforschen.
Die gesprochen zum akademischen Forscher steht zu ihm
die absolut unversöhnliche ~~Gegenposition~~ Kontraposition
der Anthroposophie
die Sinneswahrnehmung
Selbsterlebensbegriff   Intuition

23. 2. 53

Warum es keine motorischen Nerven gibt

Man glaubt, das Zustandekommen der menschlichen Bewegung erklären zu sollen. Wie aber, wenn die Selbstbewegung des Menschen ein nicht weiter ableitbares *Urphänomen* ist, das alle übrigen physikalischen Bewegungen, die es in der Welt gibt, erklärt?

Was so im akademischen Sinn als Wissenschaft getrieben wird, seit Jahrhunderten, beruht insgesamt auf der Unterstellung, Welt und Mensch seien nicht eine, sondern zwei Wesenheiten, und auf der Konsequenz dieser Unterstellung: der körperliche Einzelmensch, als der Welt *gegenüberstehend*, empfange Einwirkungen der Welt, und sei als ein auf diese Einwirkungen *Reagierender* zu verstehen. Die gesamte Physiologie ist aufgebaut auf der Grundvorstellung, man habe die *Reaktionen* des (so genannten) Menschen auf die Aktionen der Welt zu erforschen.
Gegenüber dieser akademischen Position gibt es die absolut unversöhnliche Kontraposition der Anthroposophie

Sie
Sinneswahrnehmung
Intuition
Geschehensbegriff

Sonstige Ergänzungen

Brief an die Arbeitsgemeinschaft anthroposophischer Ärzte, 12. Dezember 1951

Den „Ärzte-Rundbrief" Heft 9/10, 1948 sende ich Ihnen gleichzeitig separat.

Ich bin Ihnen dankbar für die Überlassung des vergriffenen Aufsatzes von Dr. med. F. Husemann über die sogenannten „motorischen" Nerven. Der Aufsatz erfüllte bei mir die wohltuende Funktion, den Eindruck zu kompensieren, den ich durch die kürzliche Lektüre von zwei Aufsätzen zum gleichen Thema im „Anthroposophisch-medizinischen Jahrbuch" I, 1950 erlitt. Ich war so unfreundlich gewesen, in der Unterhaltung mit mir selbst die in den Arbeiten von Dr. med. Z. und Dr. P. auftretenden positiven Bezugnahmen auf Viktor von Weizsäcker als *anthroposophisch* absolut unmöglich zu bezeichnen. Es ist absolut scheußlich, literarisch die Vorstellung zu verbreiten, R. ST. und V. v. Weizsäcker marschierten auf der gleichen Straße, nur sei R. ST. etwas früher aufgebrochen, sei umfassender und dergleichen. An dem Verhalten des anthroposophischen Akademikers gegenüber dem „Gestaltkreis" kann es sich zeigen, ob man sich auf den gravierenden *Ernst* des Problems der nichtexistenten „motorischen" Nerven einlassen will.

Habe ich den *Ernst* der Abrogation der „motorischen" Nerven erfasst, dann werde ich gegen die Eitelkeiten der Gestaltkreistheorie feststellen: Die Grundannahme v. Weizsäckers, wir Menschen als „Lebewesen" seien *Selbstbeweger*, ist nach anthroposophischer Einsicht eine Riesenillusion. Wir bescheidenen Menschen sind nicht Selbstbeweger. Sich selbst bewegend ist nur das Ganze, die Welt, ist nur „der Mensch" als Kosmos. Es ist uns von einer gütigen Welt erlaubt, in der Illusion zu leben, wir seien Selbstbeweger. In Wahrheit bedeutet unser physikalisches Bewegtsein, dass wir jene SICH bewegende Entität *wahrnehmen* (mittels der „motorischen" Nerven!), zu der man sich in ein Verhältnis setzt durch den Christus-Impuls, und die als das kosmische Wesen „der Mensch" in allen Menschen EINER ist. Die anthroposophische Aufklärung an die Adresse des „Gestaltkreises" hätte zu lauten: Ich bin nicht Selbstbeweger. Ich wohne als präsumtives „Ich" in meinem physischen Leibe als in dem Wohnhaus Gottes. Zur Vermeidung der Illusion, ich sei Selbstbeweger, bin ich aufgerufen, den EINEN wirklichen Selbstbeweger – in mir und in jedem Menschen – *wahrzunehmen*. – In dieser Richtung muss gedacht werden, wenn erlebbar werden soll, dass die „motorischen" Nerven der *Wahrnehmung* dienen. – Wenn einer Jahrzehnte lang die Worte Zyklus 33, 4, 14 „mit blutendem Herzen" präsent gehabt hat, wird er wohl mit dem *Ernst* der Sache rechnen wollen. –

Dr. F. Husemann kennzeichnet das Problem der sogenannten „motorischen" Nerven *anthroposophisch*-verantwortlich als die Frage nach dem „Eingreifen des Willens in die Körperlichkeit". Für uns ist die Frage des Eingreifens des Willens in die Körperlichkeit identisch mit der Frage unseres moralischen Verhaltens zu der Wirklichkeit „der Mensch", d. h. unseres Verhaltens zu demjenigen MENSCHEN, der als das Selbst des Kosmos EINER ist. Unser Fortschritt im Moralischen wird darin bestehen, dass wir uns nicht einbilden, Weizsäckersche Selbstbeweger zu sein; sondern dass wir die Aufgabe anerkennen, den Einen Selbstbeweger wahrzunehmen. Vielleicht werden wir einsehen, dass wir über solcher *Wahrnehmung* und *durch* die Wahrnehmung als Selbste überhaupt erst *entstehen*.

Im Zyklus 30, 8, 15 wird die *physiologische* Frage aufgeworfen: „wodurch kommen Muskeln in Bewegung?", und es wird die präzise physiologische Antwort erteilt: „dass die Muskeln aus der persönlich gewordenen Sphärenharmonie heraus bewegt werden". Da nicht wohl anzunehmen ist, jeder Meier und Müller sei die persönlich gewordene Sphärenharmonie, darf der Schluss gezogen werden, dass wir nicht v. Weizsäckersche Selbstbeweger sind.

Mit freundlichen Grüßen
[Karl Ballmer]

Undatierter Entwurf

Es gibt keine motorischen Nerven

Motto:
Die Bewegung ist Wirkung und nicht Ursache (22, 9, 8)

R. ST. gab freundlicherweise die Leitlinie zur Behandlung des gravierenden Problems der „sogenannten" motorischen Nerven, als er sagte: „Sehen Sie, mit ein bisschen anthroposophischen Redensarten geht es wirklich den großen Aufgaben der Zeit gegenüber nicht ab." (Der Entstehungsmoment der Naturwissenschaft in der Weltgeschichte, S. 122).

Die Frage der nichtexistenten, daher „sogenannten" motorischen Nerven wurde von anthroposophischer Seite bis 1950 nicht behandelt. Einzig Dr. med. Husemann publizierte 1921 einen vortrefflichen Aufsatz, der sich orientierend umsieht, welche Belege in den Materialien der neueren Forschung zu finden sind, um die Vorstellung der Nichtexistenz „motorischer" Nerven plausibel oder auch nur erträglich zu machen. Es liegt dem Aufsatze Husemanns ganz fern, die Abrogation der „motorischen" Nerven als allerbedeutsamstes zentrales Problem der *Weltanschauung* zu erfassen.

Erst im Jahre 1950 gibt es dann im „Anthroposophisch-medizinischen Jahrbuch" zwei Aufsätze zum Thema der sensorischen und motorischen Nerven, vermutlich oder offensichtlich im Zusammenhang mit dem Erscheinen der 4. Auflage von Viktor von Weizsäckers „Gestaltkreis". Dabei musste sich zeigen, ob die anthroposophischen Autoren in der Verfassung waren, den prinzipiellen Irrweg von Weizsäckers aufzudecken. Worauf es gegenüber den Absurditäten und Eitelkeiten der Gestaltkreistheorie ankam, war: einsichtig zu machen, dass in der *Anschauung der Schöpfung*, die den Lehrmitteilungen der Anthroposophie subsistiert, die BEWEGUNG „Wirkung und nicht Ursache" ist. Bevor von Motorik die Rede sein kann, muss erst der Grundbegriff der Bewegung klargestellt sein.

Auch v. Weizsäcker ist zwar der Meinung, obschon es nur eine akademisch-unverbindliche Redensart ist: die Naturforschung müsse sich unter die Herrschaft der Idee der *Schöpfung* stellen. Er meint: „Ein emanzipiertes Jahrhundert hat in einer Art Angst vor der Schöpfung diese als eine zu unbegreifliche, aber auch zu spekulative und wissenschaftlich überhaupt unbeweisbare, ja ihrer Pflichterfüllung gefährliche *Idee* aus der Naturwissenschaft ausgeschlossen. Dieser Irrtum kann fallen, wenn es sich zeigt, dass es umgekehrt steht, und dass diese Idee allein es ist, unter deren Herrschaft irgend etwas als Wahres und Wirkliches hervorzubringen ist." (Gestaltkreis, 4. Aufl. S.151) – Ich denke: wenn die „Idee der Schöpfung" einen wissenschaftlichen Inhalt bekommen soll, wird sie sich um das Schaffen des Schöpfers der Anthroposophie kümmern müssen.

Die Abgrenzung gegen die Eitelkeiten der Gestaltkreistheorie wäre möglich gewesen. Aber vielleicht bot sich eine andere Methode an: man schrieb ein bisschen bei v. Weizsäcker ab und hängte daran ein paar anthroposophische Verzierungen.

[Handschriftliche Zusätze:]

Als anthr. Methode konnte somit im Jahre 1950 nicht in Betracht kommen, dass man ein bisschen bei v. Weizsäcker abschrieb und ein paar anthroposophische

Nützlich wäre vor allem die Klarstellung gewesen, dass die Intentionen v. Weizsäckers und seiner Schule auch nicht das mindeste zu tun haben mit dem Problem der Abschaffung der „motorischen" Nerven

Undatierter Entwurf

Es gibt keine „motorischen" Nerven

Kann Gott irren?

Wenn die Reaktionäre Gott erforschen, gehen sie von dem Vorurteil aus, Gott sei die Wahrheit. Bei ihrer Erkenntnis des Gottes ist die *Wahrheit* interessant.

Anders ist es, wenn die moderne Frontänderung vollzogen wurde, und unter Gott jetzt die *Welt* verstanden wird. An dem Gott, der die Welt ist, ist nicht nur seine Wahrheit interessant, sondern auch seine Kunst, zu irren. Zur Wahrheit des Gottes, der die Welt ist, gehört sein Können des Irrtums.

Wer irrt bei der absurden Annahme, dass ich *mich selbst* bewege? Es stünde schlimm, wenn nicht Gott selbst der Schuldige dieses Irrtums sein wollte. Der Satz „ich lege mich ins Bett" ist wissenschaftlich ein Nonsens, denn es gibt physikalisch keinen Körper, der *sich* aus sich selbst bewegt. Die Vorstellung, dass wir Menschen Selbstbeweger seien, ist ein Selbstbetrug, auf den wir indessen zur Führung unseres Daseins *notwendig* angewiesen sind. Man muss fragen: Wer ist die gütige Welt, die unsere Illusion zulässt, wir seien Selbstbeweger? Der wissenschaftlich unmögliche Satz „ich lege mich ins Bett" ist dann sinnvoll, wenn Gott der Grund und die Schuld meiner lebensnotwendigen Illusion ist, das heißt: wenn das Irren-Können Gottes ein Bestandteil seiner Vollkommenheit ist. Wenn der Mittelmeermythos einen Gott die *moralische* Schuld der Menschen tragen lässt, so wird jetzt die *physikalische* Schuld akut, wenn die wissenschaftliche Einsicht, dass die Menschen keine Selbstbeweger sein können, als Verpflichtung genommen wird.

Brief an Gerbert Grohmann, 24. Oktober 1953

Sehr geehrter Herr Dr. Grohmann!

Es ist mir ein aufrichtiges Bedürfnis, meiner Hochschätzung Ihres herrlichen Seminar-Büchleins Ausdruck zu geben. Ich finde durch Ihre Arbeit eine mir am Herzen liegende Grunderfahrung bestätigt: dass es neben anderen Tugenden zuletzt doch einzig die wirkliche *Intelligenz* ist, die den Zugang ermöglicht zu der freien Fähigkeit, die unerhörten Anregungen R. Sts. *ernst* zu nehmen. Es ist wie eine späte Genugtuung, dass der Seminar-Lehrer von 1919 einen *ernsthaften* Zuhörer fand. – Ich könnte mir denken, dass von Ihrer Seite einmal ein ernster Beitrag zu dem gewaltigen Thema des Schlafens der Erde im Sommer und ihres Wachens im Winter kommen könnte. „Man" hat doch wohl den Ernst dieses Themas noch nicht bemerkt. – Zu einer einzigen Stelle Ihrer Arbeit hätte ich einen Vorbehalt zu machen. S. 53 sagen Sie, der *Sehsinn* vermittle genau genommen als reine Sinneseindrücke nur das Hell-Dunkel und [das] Farbige. Sie unterscheiden dann von den „reinen Sinneseindrücken" „Seelenerlebnisse, welche auf den Sehsinn zurückdatiert werden können." Diese Auffassung der Leistung des Seh-„Sinnes" ist die übliche akademische; ihr widerspricht die Beschreibung der Leistung des Sehsinnes durch R. ST. (vgl. „Anthroposophie, Psychosophie, Pneumatosophie", S. 26). Es handelt sich um Schwerstwiegendes. In etwas derber Vereinfachung scheint mir gesagt werden zu müssen: Die „Sinne" – im Sinne R. Sts. – sind im strengsten Sinne *objektive* Leistungsorgane der objektiven Welt selbst. Ein Objektives (ein groß zu schreibender MENSCH) stellt mir die Tätigkeit SEINES Sinnesorganismus zur Verfügung, damit ich („auf die Sinneseindrücke zurückzudatierende") Seelenerlebnisse haben kann. Ich *wohne* mit meinen Seelenerlebnissen im objektiven Sinnesorganismus des MENSCHEN. Im *Sehsinn* ist wirkend die EMPFINDUNGSSEELE. „Diese Wirkung ist merkwürdiger Weise gedanklicher Natur" usw. Auch die Empfindungsseele ist primär nicht *mein* Organ, sondern ist objektives Welt-Organ, ein Organ des groß zu schreibenden MENSCHEN, an dessen Leistungen ich *teilnehme*, sofern ich ebenfalls in bestimmter Weise „Mensch" bin. Ich bin der Überzeugung, dass es kein Weiterkommen gibt, wenn man nicht die „zwölf Sinne" als die Aktion *der Welt selbst* auffasst, in die ich mit meinen Seelenerlebnissen teilnehmend „eingeschaltet" bin.

Erlauben Sie mir die Überreichung der kleinen Gelegenheitsschrift „Briefwechsel über die motorischen Nerven"; sie ist aus dem Bedürfnis erwachsen, die Äußerungen R. Sts. nicht spielerisch, sondern *ernsthaft* zu erarbeiten.

Mit freundlichen Grüßen
[Karl Ballmer]

Brief an Carlo Septimus Picht, 5. November 1953

Sehr geehrter Herr Picht!

Bei von Ihnen für den Druck vorbereiteten Vortragstexten stieß ich schon mehrere Male auf die grundsätzliche Frage, ob es angängig ist, einzelne Worte in Anführungszeichen zu setzen. Auf Seite 376 im Novemberheft der „Blätter für Anthroposophie" steht das Wort „Revolte" (das für uns bereits in anderer Hinsicht Gegenstand der Unterhaltung war) in Gänsefüßchen. Da der vortragende Sprecher nicht Gänsefüßchen *sprechen* kann, so sind diese notwendig – und für den empfindsamen Leser unverkennbar – Zutaten eines Redaktors. Es entsteht durch den Akt des Redaktors unvermeidlich der Eindruck, die im Drucke wiedergegebene *Rede* werden durch den Redaktor nachträglich „zensuriert". Ich gestehe frei, dass mir dieser Eindruck peinlich ist. Ich bin grundsätzlich der Meinung, dass auf die Anbringung von Anführungszeichen zu einzelnen Worten verzichtet werden sollte.

Die „Motorischen Nerven" haben bisher kein Echo zu erzeugen vermocht. – Hans Arenson äußerte sich erfreut über die Adolf Arenson betreffende Stelle des Büchleins. – Dr. G. Grohmann (Stuttgart), an den ich ein Exemplar gesandt hatte, um ihm meine Wertschätzung seines vortrefflichen Büchleins über das Seminar von 1919 über den Pflanzenkundeunterricht auszudrücken, antwortete aufgeschlossen, zurückhaltend und ohne auf den Inhalt meiner Arbeit einzutreten. – An Dr. Poppelbaum habe ich kein Exemplar gesandt, ich war mir diesen Respekt vor mir selber schuldig, da er, anstatt weiter zu antworten, sich in bequemes Schweigen hüllte. Übrigens steht eine wichtige Hauptsache nicht in meinem Texte: dass ich die Anregung zu meiner Arbeit von der empfehlenden Erwähnung des Kienle-Elaborates durch Dr. Poppelbaum im „Goetheanum" empfing. Dr. P., oder meinetwegen sein Amt, wurde von mir mit größter Schonung behandelt; meine Bemerkungen über seinen Aufsatz im Anthr.-Mediz. Jahrbuch, wenn ich sie nicht unterdrückt hätte, würden sehr hart ausgefallen sein. Der Titel seines Aufsatzes „Warum nannte Rudolf Steiner die sensorischen und motorischen Nerven wesensgleich" ist eine nackte Perfidie. Im Inhalt seines Aufsatzes betrachtet es Dr. P. dann als seine Aufgabe, zu zeigen, dass er nicht die leiseste Ahnung des von R.St. Gemeinten hat. – Durch mein taktisches Verhalten glaube ich immerhin verunmöglicht zu haben, dass man mich – nach bekannten Mustern – kaltblütig absticht.

Konnten Sie meine Vermutungen betr. Julius Pikler und Gaswitz überprüfen?

[Karl Ballmer]

Brief an Hermann Weyl, 5. November 1953

Sehr geehrter Herr!

Die kleine Gelegenheitsschrift „Briefwechsel über die motorischen Nerven", die ich mir Ihnen zu senden erlaube, enthält eine *Idee von Physik*, die zwar äußerst ausgefallen, aber gedanklich in sich geschlossen ist. Diese Idee von Physik –

als eine Art Gegenidee zu der Idee der Physik als „symbolischer Konstruktion" – versteht das physikalische Sein der Welt als das Selbstverhältnis eines groß zu schreibenden MENSCHEN. Wie es als das Wesentliche von 50 Löwen den *Begriff* Löwe gibt, so gibt es als das Wesentliche der WELT: den *Begriff* der Welt, und das ist der Menschen-KÖRPER, ein Begriff also, der zugleich ein Körper ist. Dieser ist insofern als *bewusster* Begriff ein Gedanke, als „der Mensch" derjenige ist, der sich erinnert, wie er geworden ist. Diese schöpferische Erinnerung, in der *Gegenwart* vollzogen, i s t der außerzeitliche in sich abgeschlossene totale Weltvorgang, zu dem sich das Geschehen in der Zeit verhält wie die Übernahme eines *Bösen* durch das Wesen „der Mensch". Der Anfang der Menschwerdung ist die Wirkung des fertigen Menschen, „der Mensch" in Gegenwart verhält sich in sich selbst wie Wirkung und Ursache, wie Anfang und Ende des Weltvorganges.

Die in meinem Büchlein angedeutete ausgefallene Idee von Physik entfaltet sich von der (auf der Schlussseite des Büchleins angeführten) These aus: dass die Annahme von „motorischen" Nerven ein wilder Irrtum sei.

Mit freundlichen Grüßen
Karl Ballmer
(geb. 1891 in Aarau)

Brief von Hermann Weyl, 27. November 1953

Sehr geehrter Herr Ballmer:

Sie waren so freundlich, mir Ihre Schrift „Briefwechsel über die motorischen Nerven" zuzustellen. Haben Sie besten Dank dafür!

Sie werden ja wohl kaum erwarten, dass ich mit Ihrer „ausgefallenen" Idee von Physik etwas anfangen kann. Die Anthroposophen lieben offenbar den Ton bitterer Polemik, nicht nur gegen Ungläubige, sondern auch untereinander. In dieser Hinsicht war mir Ihre Schrift ein aufschlussreiches Dokument. Aber ich will mich hüten, selber in eine Polemik darüber einzutreten!

Hochachtungsvoll
Ihr
Hermann Weyl

Brief an Hermann Weyl, 29. November 1953

Sehr geehrter Herr Weyl,

es ist schade, dass die Kundschaft Rudolf Steiners aus „Theosophen" und nicht aus *Physikern* bestand, denn er hätte Physikern verraten können, dass das PRINZIP seiner Weltanschauung in einer (bemerkenswerten) Modifikation der geltenden Wärmetheorie besteht. Es ist vollkommen sachlich berechtigt zu sagen: die Weltanschauung Rudolf Steiners *i s t* Physik.

R. ST. ersetzt das Äquivalent „Arbeit - Wärme" durch das andere Äquivalent: *„Abnützung* - Wärme" (Abnützung des *festen* Körpers durch Arbeit - Wärme). Nicht am gasigen, sondern am *festen* Zustand (des „Körpers") ergibt sich das Grundgeschehen der „Wärme".

Die „Abnützung Gottes" (Abnützung des Gottes fester Menschenkörper) ist interessant im Hinblick auf die Erzfrage „*Zahl*".

Was sind Zahlen?

Zahlen sind – buchstäblich! – Splitter des Gottes MENSCHENKÖRPER. Davon träumte Sir Jeans, als er meinte, Rohmaterial der Physik seien Zahlen.

Siehe Beilage.

hochachtungsvoll
[Karl Ballmer]

Notizblatt Nr. 15, 29. November 1954

Notizblatt, Lamone, 29. November 1954

Ich habe mir erlaubt, Herrn Professor [Viktor] von Weizsäcker meine Broschüre „Elf Briefe über Wiederverkörperung" (1954) zu senden, als Drucksache. Der Inhalt ist wilder Krampf, doch wäre eventuell einem Ertrinkenden die Erlaubnis zugute zu halten, Notschreie auszustoßen. Es handelt sich um private Briefe an einen mir persönlich von Hamburg her gut bekannten Mitanthroposophen, die nicht für die Öffentlichkeit gedacht waren. Den Grund zur Veröffentlichung bildete meine Ansicht, Dr. Poppelbaum habe die Ignorierung meiner Broschüre „Briefwechsel über die motorischen Nerven" zu weit getrieben. Ich habe den Dr. Poppelbaum, den ersten Adressaten in dem „Briefwechsel", äußerst schonend behandelt, ich habe verschwiegen, dass eine lobende Rezension der Schrift des Dr. Kienle („Grundfragen der Nervenphysiologie") durch Dr. Poppelbaum der Anlass war, dass ich mich mit Kienle befasste. Dr. Poppelbaums Urteil über Kienles Arbeit – in der offiziellen Wochenzeitung „Goetheanum" – war: „das bisher beste". Damit mein Akt der Schonung gegenüber Dr. Poppelbaum nicht den Totalverlust eines investierten Kapitales zu bedeuten brauchte, brachte ich – eben in den „Elf Briefen" – mein Urteil über Poppelbaums Verständnis der „Wiederverkörperung" zur Geltung, meiner Absicht nach zur öffentlichen Geltung (siehe Schlusssatz dieses Blattes). Dr. Poppelbaum ist den anthroposophischen Medizinern eine Art Autorität in Naturphilosophie. Ich vermute, d. h. ich glaube sicher zu wissen, dass es Dr. Poppelbaum war, der im Zusammenhang mit dem Erscheinen der vierten Auflage von „Der Gestaltkreis" (1948) das anthroposophische Nerventhema aktualisierte – in der Gegend des „Anthroposophisch-Medizinischen Jahrbuches", dessen erster Band 1949 erschien. Dort schrieb Poppelbaum selbst einen – in meiner Broschüre nicht ausdrücklich genannten – verständnislosen Aufsatz unter dem Titel „Warum nannte Rudolf Steiner die sensorischen und die motorischen Nerven wesensgleich?". Dieser Titel enthält ein Programm und ist *hässlich* – in Anbetracht des amtlichen Satzes „es gibt keine motorischen Nerven". R. ST. selbst gab ihm die Chance zu dieser Hässlichkeit, denn in dem auf breitere akademische Kreise ausgerichteten Buche „Von Seelenrätseln" (1917) spricht er von der Wesensgleichheit der beiden Nervenarten, weil er mit der wissenschaftlichen Gemütsverfassung seiner Pappenheimer rechnete.

Die „Elf Briefe ..." haben nicht die geringste Spur eines öffentlichen Echos erzeugt.

Brief an Erich Brock, 14. August 1956

Sehr geehrter Herr Dr. Brock!

„Wer regiert – – – – " (TAT, 12. August 1956, Nr. 220)

Der Vergleich des Baumes – nicht etwa mit dem einzelnen Ameisentier, sondern mit der Regierung des Ameisenstaates ist erhellend. –

Das Baumgeschehen ist überlegendes, zielendes, gestaltendes „Denken". *Alles* Naturgeschehen ist solches „Denken". Auch das Geschehen des Menschenkörpers. Insbesondere beruht die Motilität des Menschenkörpers auf dem „Denken" der „Natur". Wenn nun die große Natur Ein Mensch wäre, dann könnte es sinnvoll sein, zu sagen, dass dieser Mensch-Gott *sich* bewegt.

Der Gedanke meines Lebens: „Ich bewege mich" ist Unsinn. Mein Körper ist im gleichen Sinne Gegenstand der Außenwelt wie der Baum oder der Tisch. Mein Körper verschafft mir Erlebnisse. Mein Körper geht durch die Tür ins Zimmer und verschafft mir die Täuschung, *ich* sei der Aktor des Körpergeschehens. Während das Körpergeschehen der Menschenleute in Wirklichkeit *Naturgeschehen* ist, macht der Humanismus die Annahme, die einzelnen Menschen seien nicht Naturvorgänge, sondern *Selbst*gescheher. Bei dieser Intelligenzsünde des Humanismus hat die Reparatur einzusetzen.

Das „Denken" meines (sich bewegenden) Körpers ist der Gott, der die Welt lenkt. Der Gott in der Gestalt meines Körpers besorgt mir in jeder Minute mein Schicksal. Aus der „Natur" Goethes hat sich der „Herr des Karma" erhoben. Mein Tun hängt ab von den Bewegungen (von dem „Denken") des Körpers, den ich den meinen nenne, obschon ich ihn besser meinen Schöpfer nennen würde, weil er mich doch in jeder Sekunde ins Dasein setzt.

Der Baum ist ohne Nervensystem, ebenso die regierende Wesenheit des Ameisenstaates. Die Koordinierung von Zentralnervensystem und Denken durch den modernen Humanismus hat die Differenz zwischen dem intelligenten „Denken" des Baumes und dem sogenannten Denken der Menschenleute problematisch gemacht. Nun: die Menschenleute sind keine Selbstgescheher; geschehend ist die Natur. Die Willensimpulse der Menschenleute (bei der Körperbewegung) fallen nicht in die Vorstellungen der Menschenleute. Oder mit schonender Zurückhaltung gesagt: Es gibt keine „motorischen" Nerven.

Mit freundlichen Grüßen
[Karl Ballmer]

Die Zukunft des deutschen Idealismus (1956)

von Karl Brändli

1

Der Beginn der Neuzeit steht im Zeichen bedeutender wissenschaftlicher Entdeckungen. Galilei widerlegte den Aristoteles und entdeckte die mathematisch-physikalischen Gesetze, nach denen die nicht unterstützten physischen Körper fallen. Er legte damit den Grund der „modernen Wissenschaft". Die Vorstellungen über die Entdeckungen der Kopernikus, Newton, Lavoisier, Faraday sind jedermann vertraut. Weniger geläufig sind die Vorstellungen über eine im protestantischen Deutschland erfolgte wissenschaftliche Entdeckung von epochaler Bedeutung, eine Entdeckung der „Deutschen Idealisten". Diese „Deutschen Idealisten" entdeckten, dass die Fähigkeit der Menschenleute, „Ich" zu sich zu sagen, unmittelbar göttlich sei. Mit dieser unerhörten Entdeckung waren Risiken verbunden, wenn die Lenker und Hüter der volkstümlichen historischen Religion nicht willens waren, sich auf die philosophische Zumutung einzulassen, dass überall dort, wo „Ich" gesagt wird, eigentlich Gott der Aussagende sei, weil das Weltwunder des „Ich"-Sagens in letzter Instanz nur Gott selbst sein könne. – Die „Deutschen Idealisten" waren wohl zu optimistisch, wenn sie ihre philosophische Entdeckung unbefangen als Blüte und Frucht ihrer angestammten Christlichkeit verstanden. Sie vermieden es, sich mit einer Konsequenz zu befassen, die sich unvermeidlich aus ihrer Grundanschauung ergeben musste: Wenn nämlich – so hätten sie sich sagen müssen – realiter nur Gott über die Fähigkeit des „Ich"-Sagens verfügt, wie verhält es sich dann, wenn die Philosophen aus der Kraft und Vollmacht ihres „Ich" Irrtümer schaffen? Soll etwa Gott in den Philosophen, oder gar in der Vielzahl der „Ich"-sagenden Menschenleute überhaupt, ein mit dem Vermögen des Irrens ausgestatteter Gott sein? Nein, nein! – das konnten sich die Heroen des Fichte-Schelling-Hegel-Zeitalters nicht leisten, dass sie den in den Menschen „Ich" sagenden Gott auch nur versuchsweise als Irrenden und Nichtigen in Aussicht genommen hätten. Dennoch war diese Abstinenz möglicherweise voreilig. Wären die idealistischen Heroen zu ihrer Zeit schon fähig gewesen, das Illusionäre ihrer vermeintlichen Christlichkeit zu durchschauen, so hätten sie sich sagen können: „In der Tat – der von uns berufene 'Geist' ist vorerst noch ein Träumer, er ist noch nicht erwacht, wir befinden uns im Notzustande des Bedürfnisses, dass unsere hochanspruchsvolle, aber im Grunde notleidende Vernunft vom Träumen zur Wirklichkeit *erlöst* werde." Somit hätten sich die stolzen philosophischen Heroen den Christus-Impuls als *Denker* vorzustellen gehabt. Sie konnten Möglichkeiten des in der unmittelbaren Gegenwart schaffenden Christus-Impulses erwägen. Sie konnten an die Möglichkeit denken, dass der göttliche Könner des „Ich"-Sagens in einem weltpädagogischen Opferakt es auf sich nehme, wahrhaftig selbst das Irren des „Ich"-Sagens in der notleidenden Vernunft der Menschenleute zu sein, – um dann zugleich als der Antreiber einer Selbst-*Entwicklung* der Träumenden zu wirken und als der bedächtige Lehrer und Erzieher zum rechten Verstehen des „Ich" sagenden Christus-Impulses der Helfer der Menschenleute zu sein. – Die Klassiker des „Deutschen Idealismus" ergriffen noch nicht die Gelegenheit, Ideen über ein in der Gegenwart stattfindendes Kraften des Christus-Impulses zu produzieren. Inzwischen aber dürften sich die profunden Geister längst überzeugt haben, dass sie die Zukunft des „Deutschen Idealismus" in seinem Einmünden in die moderne „Geisteswissenschaft" oder Anthroposophie zu sehen haben. In dieser Geisteswissenschaft wird nun erstmals die „heimliche Religion Deutschlands", der Pantheismus, nicht römisch, das heißt nicht durch Rhetorik überwunden.

2

Im Dornacher Vortrag vom 10. Dezember 1917 gibt es einen Hinweis auf den württembergischen deutschidealistischen Denker *Otto Heinrich Jaeger*, der um 1860 an der Zürcher Universität Philosophie lehrte. Der Passus lautet:

„Die Impulse waren da, sie gingen nur an vielen Menschen zunächst spurlos vorüber ... Wichtige Dinge, wichtige Impulse hat es schon gegeben in dieser zweiten Hälfte des 19. Jahrhunderts, indem Menschen schon da waren, die bedeutungsvolle Gedanken gehabt, bedeutungsvolle Gedanken dargelegt haben. Wenn Sie diese heute ansehen werden, so sehen diese Gedanken selbst wie abstrakte Gedanken aus, gewiss, aber sie sind keine abstrakten Gedanken. Auch sollten sie nicht so bleiben, wie sie dazumal waren ... Wer betrachtet denn zum Beispiel, um ein Nächstes zu berühren, hier in diesem Lande, der Schweiz, dieses Leben so, dass er sich sagen würde: hier in der Schweiz hat im 19. Jahrhundert in den 50er Jahren ein Mensch gewirkt, der bedeutungsvolle Gedanken hegte, die dazumal allerdings philosophische Gedanken waren, die aber von zwei oder drei Anderen hätten aufgenommen, popularisiert zu werden gebraucht, und die in der fruchtbarsten Weise hätten eingreifen und die ganze Geschichte der Schweiz durchgeistigen können! Wer denkt zum Beispiel, dass ein Geist ersten Ranges in Otto Heinrich Jaeger geschaffen hat in der Mitte des 19. Jahrhunderts, einer der größten, die hier in der Schweiz geschaffen haben? Wo ist sein Name, wo wird er genannt? Wo ist das Bewusstsein dafür vorhanden, dass obzwar die Gedanken ja abstrakt zutage getreten sind, scheinbar abstrakt, sie hätten konkret werden und blühen und Früchte tragen können, weil ein Größtes durch diesen Kopf gegangen ist, der an der Universität in Zürich gelehrt hat, der Bücher geschrieben hat über die wichtigsten Ideen – die hineingeweht werden müssten in das Leben der Gegenwart – über die Idee der menschlichen Freiheit und ihres Zusammenhanges mit der ganzen geistigen Welt. Von einem anderen Gesichtspunkte, als dann meine Freiheitsphilosophie in den 90er Jahren entstanden ist, hat Otto Heinrich Jaeger hier in der Schweiz eine Art Freiheitsphilosophie geschaffen."

O. H. Jaeger (1828-1912) ist uns ein später Statthalter des tiefsten Impulses des „Deutschen Idealismus". Sein Hauptwerk „Die Freiheitslehre als System der Philosophie" (727 Seiten) erschien in Zürich 1859, zu einem Zeitpunkt also, da die Abdankung der höheren Philosophie vor dem geistlosen Positivismus der Naturwissenschaft bereits eine öffentlich sanktionierte Tatsache war. Unsere Anmerkungen zu O. H. Jaegers Philosophie folgen am Schluss dieses Aufsatzes. Hier soll zuerst versucht werden, die pädagogische Situation ins Auge zu fassen, aus der heraus Rudolf Steiner im Dezember

1917 den unbekannt verschollenen Mann und „Geist ersten Ranges" Otto Heinrich Jaeger beiläufig vorstellte.

3

Die Vorträge vom 2. bis 22. Dezember 1917 – das Folgende ist ein Versuch der freien Rezeption – umkreisen die Frage: woher wir Menschenleute die Gründe nehmen sollen, um unser Dasein für mehr als ein Naturgeschehen zu halten. Der Naturalismus der modernen Wissenschaft bietet uns eine Menschenerkenntnis an, die ganz dazu angetan ist, uns falsche Illusionen über unsere vermeintliche „seelische" Entität zu verbieten. Es ist doch nur gedankenträge Gewohnheit und schwachmütiger Mangel an Konsequenz, wenn heutige akademische Menschenerkenntnis mit einem angeblichen Agens „Seele" rechnet. Wir distanzieren uns von solchem Unernst. Aber wir können von „Seele" auch nicht mehr im Stil des alten Aristoteles, des Sankt Thomas oder des Descartes reden. Es ist uns unmöglich, die Seelenfrage von der Gottesfrage zu unterscheiden. Wir müssen und wollen unter „Seele" prinzipiell verstehen: die Seelenförmigkeit desjenigen *Geistes*, der die Welt schaffend formt und durchkraftet. „Seele" könnte nur Seele der Natur, Seele des Universums sein. Wer unternimmt es, die Seele des Ganzen des Naturgeschehens zu entdecken, oder vielmehr der Natur einzuschaffen? – Nun stoßen wir auf die Geist-Offenbarung der Theosophie. Wir Menschenleute sind *für den Geist*, dessen Welttaten die „Geisteswissenschaft" als Theosophie und Anthroposophie beschreibt, wirkliche Geister – substanziell gleich dem Gottesgeist. Aus unserem eigenen Vermögen dagegen sind wir *potentiell* Geister. Die

Pädagogik der theosophischen Geist-Offenbarung kommt uns zu Hilfe bei der frei zu wählenden Aufgabe, uns als sich selbst wissende Geister (als Bewusstseins-Seelen) ergreifen zu lernen. Als unser Standort im Universum bei dieser Entwicklungsaufgabe wird uns vom anthroposophischen Lehrer die *Grenze* zwischen der geistigen und der physischen „Welt" angewiesen. R. St. versicherte, am 2.12.1917: „Vor allen Dingen wird es sich darum handeln, dass die Menschen einsehen lernen müssen, wo die *Grenze* zwischen der sogenannten physischen und der geistigen Welt liegt. Diese Grenze liegt eigentlich mitten im Menschen drinnen." Hinter dieser unsensationell klingenden Feststellung steht eine Welt-Entscheidung: Der Geist, der die theosophische Offenbarung veranstaltet, hätte *für sich* keine Veranlassung, die „sogenannte" physische Welt von Seiner geistigen Welt zu unterscheiden, denn für den Geist gibt es im ganzen Universum nichts, das er nicht selbst wäre. Nun trifft der Geist die Weltentscheidung, dass er den Naturgegenständen, darunter uns Menschenleuten, „Seele" einschaffen und anzüchten will. Infolge dieser Entscheidung befinden wir Leute uns auf der „Grenze" zwischen der „sogenannten" physischen Welt und dem Geiste. Die Welt vollzieht „eigentlich" ihre Selbstunterscheidung in Geist-Natur und Geist-Seele. Dadurch können wir uns auf der „Grenze" einrichten. – Dieser am 2. Dezember etablierte Begriff der „Grenze" diente dann dem Vortragenden als Richtpunkt beim Aufbau der komplexen Gedankenreihen, an denen die Hörer die Hoffnung gewinnen sollen, sich als in eine wirkliche „Welt" eingeschaltete Eigenwesen empfinden und verstehen zu lernen.

Gleichsam als Ouvertüre nahm Rudolf Steiner im Beginne des ersten Vortrages Bezug auf eine Grundvorstellung der herrschenden Schulpsychologie und bezeichnete sie als

„außerordentlich komisch". „Es ist eine Vorstellung", so führte Rudolf Steiner aus, „von der heute ein großer Teil der fachmännischen und fachmännischesten Wissenschaft beherrscht ist. Sie können das nächstbeste Elementarbuch, das Sie über solche Dinge unterrichtet, aufschlagen, und Sie werden finden, man habe zu unterscheiden zwischen Sinneswahrnehmungsnerven und motorischen Nerven. Und man wird besonders das urkomische Bild von den Telegraphenleitungen – wie der Eindruck bis zum Zentralorgan geleitet und dort der Befehl gegeben wird, dass die Bewegung entstehe – gerade in populären Werken heute noch immer sehr verbreitet finden können. – Die Wirklichkeit ist ja allerdings schwieriger zu durchschauen, als die an die primitivsten Vorstellungen erinnernden Vergleichsvorstellungen von den Telegraphendrähten. Die Wirklichkeit kann nur durchschaut werden, wenn sie eben mit Geisteswissenschaft durchschaut wird. Dass ein Willensimpuls erfolgt, hat mit einem Vorgange, den man in kindischer Weise so ausdrückt, als ob da irgendwo in einem materiellen Zentralorgan ein Befehl erteilt würde, wirklich gar nichts zu tun. Die Nerven sind nur da, um einer einheitlichen Funktion zu dienen, – sowohl diejenigen Nerven, die man heute sensitive Nerven nennt, wie auch diejenigen, die man motorische Nerven nennt. Und ob nun im Rückenmark oder im Gehirn der Nervenstrang durchbrochen ist, beides weist auf dasselbe hin; im Gehirn ist er nur in komplizierterer Weise durchbrochen. ... Es ist keine Rede davon, dass solche kindischen Vorstellungen, als ob die Seele da irgendwo säße zwischen den sensitiven und den motorischen Nerven und wie ein Telegraphist die Eindrücke der Außenwelt empfangen und dann Befehle aussenden würde – es ist keine Rede davon, dass diese kindische Vorstellung irgendeiner auch wie immer gearteten Wirklichkeit entsprechen würde.

Diese kindische Vorstellung, die wir immer hören, nimmt sich recht sonderbar komisch aus neben der Forderung, man soll ja in der Naturwissenschaft nicht anthropomorphistisch sein! Da fordern die Leute, man solle ja nicht anthropomorphistisch sein und merken nicht, wie anthropomorphistisch sie sind, wenn sie Worte gebrauchen wie: ein Eindruck wird empfangen, ein Befehl wird ausgegeben usw. usw., sie reden darauf los, ohne auch nur eine Ahnung zu haben, was sie alles für mythologische Wesen – wenn sie die Worte ernst nehmen würden – hineinträumen in den menschlichen Organismus. Nun", so fuhr Rudolf Steiner an dieser Stelle fort, „entsteht aber die Frage: Warum ist der Nervenstrang unterbrochen? Er ist unterbrochen aus dem Grunde, weil wir, wenn er nicht unterbrochen wäre, nicht eingeschaltet wären in den ganzen Vorgang. Nur dadurch, dass gewissermaßen der Impuls an der Unterbrechungsstelle überspringt, dadurch sind wir selbst drinnen in der Welt, dadurch sind wir bei diesem Impuls dabei. Würde er einheitlich sein, würde nicht eine Unterbrechung sein, so wäre das Ganze ein *Naturvorgang*."

Meine freie Rezeption dieser nicht besonders höflichen Belehrung der herrschenden Schulpsychologie lautet: Lasciate ogni speranza! Unsere sogenannten Handlungen *sind* zunächst nichts als Naturvorgänge. Eine gewöhnliche Handlung setzt sich aus zwei Komponenten zusammen: auf eine Wahrnehmung an der Umwelt erfolgt eine Reaktion unseres Körpers. Eigentlich zertrennen wir ganz willkürlich die vollkommene Einheit der Handlung in die zwei Komponenten. Der *Impuls* des einheitlichen Handlungsgeschehens ist bereits in der äußeren Wahrnehmung gegeben (S. 8 und 9 des Nachdrucks der Vorträge vom 2. bis 22. Dezember 1917). Die Analyse des Naturgeschehens „Ich ergreife das Buch" kann eigentlich nur ergeben: Meine Wahrnehmung, dass ich das Buch ergriffen habe (also die „Wirkung" meines vermeintlichen Tuns), ist die „Ursache" meiner Handlung; an dem einheitlichen Strom der Handlung ist ihre Wirkung zugleich ihre Ursache; die Handlung handelt sich selbst. Ich bilde mir bloß ein, der Täter der Handlung zu sein. In dem Inferno meiner Illusion bin ich dringend der Hilfe bedürftig, wenn meine geschätzte „handelnde Persönlichkeit" nicht von der Natur verschlungen werden soll. – Viktor von Weizsäcker ahnt nicht von ferne den Ernst der Situation. Seine Theorie der „Einheit von Wahrnehmen und Bewegen" ist noch ganz auf die „urkomische" Fiktion von der „Seele" als Täter gebaut.

4

Es handelt sich also für die Geisteswissenschaft Rudolf Steiners darum, äußeres Welt-Geschehen, das heißt aber: den in seiner Welt geschehenden MENSCHEN, so zu verstehen, dass sich an der anthroposophischen Offenbarung unsere Hoffnung entzünden kann, wir seien als seelisch-geistige Eigenwesen in die „Seele" der Natur eingeschaltet, wir seien „selbst drinnen in der Welt". Wäre die moderne Naturwissenschaft nicht beschämend inkonsequent, sie könnte der Nötigung nicht entgehen, die sogenannten menschlichen Handlungen als reine Naturabläufe zu sehen. Eine lästige Fliege, die sich mir auf die Stirne setzt, wird von meiner Hand reflexartig weggewischt, ohne dass „ich" bei der Handlung dabei bin. Meine angebliche Handlung ist in sich fertig, bevor ich davon Kenntnis nehmen kann. Ich sollte sagen: Nicht „ich", sondern ein unbekanntes Etwas war der Täter beim Wegwischen der Fliege. Eine prinzipielle Verschiedenheit zwischen Reflexhandlungen und sogenannten Willkürhandlungen kann aber nicht angenommen werden. Also bin ich bei meinem Tun das Instrument eines anonymen Etwas, oder jenes Etwas – die Welt oder Natur – ist noch etwas Anderes. – Die anthroposophische Geistesforschung stellt nun jenes fragliche Etwas als einen Aktor in Aussicht, der zugleich „Welt" und „Seele" ist. In diese „Welt" muss ich eingeschaltet sein, wenn mein Dasein mehr als ein nacktes Naturfaktum sein soll. Der anthroposophische Terminus für „Welt" im vorstehenden Sinne ist: „Astralleib". Der Begriff des Astralleibes ist in Parallele zu setzen zu vormaligen Gottesbegriffen. „Der Astralleib ist Gott" sollte als ein möglicher und berechtigter Satz anerkannt werden. Das physische Korrelat des „Astralleibes" ist das Nervensystem. Soll ein physischer Körper sowohl die Welt wie sich empfinden, so muss ihm ein Nervensystem eingeschaltet sein. Das Nervensystem ist dazu da, um die Welt *in sich* zu empfinden, um z. B. am Weltgeschehen des bewegten Armes die Wahrnehmung der Eigenbewegung zu haben. Auf keinen Fall dient das Nervensystem der Leitung eines Impulses; in diesem Punkte muss die Naturwissenschaft korrigiert werden. – Zum Verständnis von Rudolf Steiners „Astralleib" ist ein Blick auf vorintellektualistische Zeitalter dienlich: „Die Menschen früher Zeiten trennen das eigentliche menschliche Seelen-Erleben noch nicht von dem Naturleben ab. Sie stellen sich nicht als ein besonderes Wesen neben die Natur hin; sie erleben *sich* in der Natur, wie sie in derselben Blitz und Donner, das Treiben der Wolken, den Gang der Sterne, das Wachstum der Pflanzen erleben. Was die Hand am eigenen Leibe bewegt, was den Fuß auf die Erde setzt und vorschreiten lässt, gehört für den vorgeschichtlichen Menschen einer Region von Weltenkräften an, die auch den Blitz und das Wolkentreiben, die alles äußere Geschehen bewirken. Was dieser Mensch empfindet, lässt sich etwa so aussprechen: 'Etwas lässt blitzen, donnern, regnen, bewegt meine Hand, lässt meinen Fuß vorschreiten, bewegt die Atemluft in mir, wendet meinen Kopf.'" (Die Rätsel der Philosophie, I, S. 2) –

Dass sich ein Hans Müller im Raume bewegt, erklärt sich nicht damit, dass seine angebliche „Seele" via „motorische" Nerven Befehle an die Muskeln seiner Glieder sendet. Die physiologische Theorie der efferenten Impulse ist deswegen so „außerordentlich komisch", weil das christliche Abendland einige Jahrhunderte nach Giordano Brunos Flammentod[1] noch immer an der unwürdigen psychologischen Truffa festhält, die mit Aristoteles annimmt, zu einem natürlichen menschlichen Individuum gehöre eine „Seele" – wie zum Milchtopf der Henkel, während es allmählich klar sein sollte, dass Seele nur eine Eigenschaft der *Welt* sein kann. – Ein Hans Müller kann nur mit fragwürdiger Berechtigung behaupten, dass *er* es sei, der *sich* bewegt. R. St.: „Denken Sie, meine lieben theosophischen Freunde: Der Mensch macht einen Spaziergang und er bewegt mit Hilfe der Knochenmechanik seine Glieder vorwärts; er denkt, dass er das zu seinem Vergnügen mache. Dass es geschehen kann, dass es Kräfte gibt, durch die wir uns vorwärtsbewegen können mit unserer Knochenmechanik, dazu musste die ganze Welt da sein und die ganze Welt von göttlichgeistigen Kräften durchwallt sein. In jedem unserer Schritte lebt der göttlich-geistige Kosmos mit, und während wir

---

[1] Rudolf Steiners im Jahre 1904 erschienenes Grundbuch „Theosophie" trägt als Motto das Pronunciamento: „Dem Geiste Giordano Brunos gewidmet".

glauben, dass wir es sind, die unsere Füße vorwärts setzen, könnten wir das nicht, wenn wir nicht lebten in dem geistigen Kosmos, in der göttlichen Welt." (Wien, 9. April 1914, Zyklus 32, 1, 14.) Unabweislich stellt sich hier die bedrohliche Frage, wie es denn mit unserer „Freiheit" und mit unserer ethischen Verantwortlichkeit bestellt sei, wenn das Tun unseres Körpermechanismus im Grunde die Tat des Kosmos ist. Die Antwort auf diese schwerwiegende Frage scheint mir in den Sätzen gegeben zu sein, mit denen der Theosoph Rudolf Steiner im Jahr 1918 der „Ethik" Spinozas ein Denkmal setzte (in „Die Rätsel der Philosophie" I, S. 63): „Spinozas Weltanschauung führt in ihrer konsequenten Ausbildung in einer Persönlichkeit bei dieser zu dem Bewusstsein: Ich denke über mich im rechten Sinne, wenn ich mich nicht weiter berücksichtige, sondern in meinem Erleben mich Eins weiß mit dem göttlichen All. Dieses Bewusstsein gießt, im Sinne Spinozas, über die ganze menschliche Persönlichkeit den Trieb zum Rechten, das ist gotterfülltes Handeln. Dieses ergibt sich wie selbstverständlich für denjenigen, in dem die rechte Weltanschauung volle Wahrheit ist. Daher nennt Spinoza die Schrift, in der er seine Weltanschauung darstellt, Ethik. Ihm ist Ethik, das ist sittliches Verhalten, im höchsten Sinne Ergebnis des wahren Wissens von dem Wohnen des Menschen in der einen Substanz." Unsere Deutung dieses Spinozamonumentes als Anthroposophie kann – weit weg vom Pantheismus – lauten: *Unser sittliches Verhalten erwächst aus dem wahren Wissen von unserem Wohnen in dem MENSCHEN*. Wir sind nicht einfach sogenannte Menschen, wir sind Wohnende in dem kosmischen Wesen, dem rechtmäßig der Name „Der Mensch" zukommt. Nicht wir, sondern „Etwas" würde unsere Füße vorwärts setzen, „wenn wir nicht lebten in dem geistigen Kosmos, in der göttlichen Welt". Wir Menschenleute sind nicht Exemplare einer abstrakten Gattung Mensch, wir sind *Teilnehmer* am MENSCHEN. Dass wir die Erwartung haben können, neben der Weltmechanik unserer Körperbewegung als Iche zu bestehen, das danken wir der pädagogischen Veranstaltung der „göttlichen Welt". Diese sanktioniert unser Irren, das uns bisher annehmen ließ, wir seien aristotelisch-christliche „Seelen". Unsere Chance, dereinst Bewusstseins-Seelen zu werden, hängt ganz daran, ob „die Welt" mehr als Natur, nämlich Seele sein will.

5

Wir wollten uns die „pädagogische Situation" vergegenwärtigen, die der Dornacher Vortragsreihe vom 2. bis 22. Dezember 1917 subsistierte, in deren Verlauf der deutsche Denker Otto Heinrich Jaeger genannt wurde. Unsere bisherigen Erwägungen über unseren Standort auf der „Grenze" oder „Schwelle" zwischen der geistigen und der „sogenannten" physischen Welt sollen uns nun Hilfe sein beim Hören der tröstlichen Ausführungen über „unsere Freiheit", die Rudolf Steiner damals vortrug. – Es ist sinnlos, die Tatsache unserer Freiheit in Frage zu stellen; sie ist einfach mit unserer Fähigkeit, „Ich" zu sagen, evident da. Es frägt sich eben nur, was an unserem „Ich"-Sagen Irrtum und Illusion ist. Ein Hans Müller schreibt sich unbedenklich die Freiheit zu, sich zu beliebig gewählter Zeit ins Bett zu legen. Der Satz „Ich lege mich ins Bett" braucht, so scheint es, einem Hans Müller keine Erkenntnisbeschwerden zu verursachen. Dennoch behauptet der Satz, näher besehen, einen Unsinn. Wenn ich es sonst nicht weiß, so kann ich mich von der Physik belehren lassen, dass es ein physikalisches Agens

„Ich – Hans Müller" nicht gibt. Die wissenschaftliche Unexaktheit des Satzes „Ich lege mich ins Bett", der das doppelte Vorhandensein des „Ich" fingiert – einmal als Subjekt und Täter und einmal als Objekt und Körper –, mag auf das Konto der Vulgarität der Sprache zu setzen sein, doch ist uns jedenfalls die Einsicht nahe gelegt, dass wir zur Führung unseres alltäglichen Daseins auf beträchtliche Irrtümer notwendig angewiesen sind. Wir machen es uns zu leicht mit der physikalischen Überzeugung, wir seien als Körperindividuen Selbstbeweger, während das Prädikat Selbstbeweger offenbar einzig dem Kosmos vorbehalten ist (den wir als das Wesen „der Mensch" erfragen). Geisteswissenschaft regt uns zur Vorsicht an beim Abschätzen der Reichweite unserer „Freiheit". R. St.: „Unser Tun hängt ab von den Bewegungen unseres physischen Körpers". (Zyklus 1, S. 35.) Bilde ich zu diesem Theosophensatze die Analogie: „Das Tun des Bauers bei der Heuernte ist abhängig vom Wetter", so ersehe ich leicht, dass der Bauer und das Wetter zwei verschiedene Dinge sind. Genau ebenso unterscheidet der Theosoph „unser Tun" und die „Bewegungen unseres physischen Körpers" als zwei verschiedene Angelegenheiten, er unterstreicht sogar die Determinierung „unseres Tuns" durch den Pantheos und Selbstbeweger „Physischer Menschenkörper". – Dass das „Tun" eines Mörders nicht identisch sei mit den Bewegungen seines physischen Körpers, müsste uns mit schwärzestem Pessimismus erfüllen hinsichtlich der Verantwortungsfähigkeit von Mördern, wenn uns nicht die Perspektive vorgesetzt wäre vom *Wohnen* der Menschenleute in dem göttlich kosmischen MENSCHEN. Es besteht die Veranlassung, dass wir bescheiden werden in der Wertung der Konsequenzen „unserer Freiheit". Deren tiefer Sinn, wenn unsere faktische Freiheit vorzüglich Illusion und Irrtum ist, könnte darin bestehen, dass eine welterzieherische göttliche Mächtigkeit unser Irren als nicht zu entbehrendes pädagogisches Kunstmittel handhabt, um uns allmählich zu haltbaren Vorstellungen über das „Ich"-Sagen heranzubändigen. Als erste Wirkung solcher Pädagogik wäre die Erkenntnis zu notieren: die berühmte „Freiheit des Willens" – im Stile eines religionsstrategischen Politikums gegen Materialismus und Unchristlichkeit – ist kein Thema der anthroposophischen Weltpädagogik. Nämlich deswegen nicht, weil wir Menschenleute den wirklich wirkenden Willen – *verschlafen*. Wenn ich den Arm heben will, dann ist meine Vorstellung des gehobenen Arms gewiss nicht das die Bewegung bewirkende Agens; was zwischen meiner Zielvorstellung „erhobener Arm" und meiner Wahrnehmung des erhobenen Armes vor sich geht, fällt in die Zuständigkeit unseres Wohnens in dem MENSCHEN.

Und nun die Belehrung Rudolf Steiners über unsere Freiheit, bei der ein ranghöherer Vortragender sich in seinen „wir" und „uns" freundlich mit den Zuhörern solidarisierte. Wir sind frei – dies ist der Kern der Belehrung –, weil unsere Vorstellungen, denen wir die Antriebe zu unserem sittlichen Handeln entnehmen, keine Weltwirklichkeiten sind. Wären unsere Vorstellungen Wirklichkeiten, so wäre ihre Wirkung eine uns zwingende, und wir wären eben nicht frei. Die Weltleitung toleriert und sanktioniert, dass wir in der „Maya" leben. Wir *wohnen* ja bloß in dem groß zu schreibenden MENSCHEN, der in seinen Sinneswahrnehmungen *sich* wahrnimmt – in jedem Stein, in jeder Pflanze, in den Tieren und in seinen Mitmenschen, während wir Wohnungsmieter das in den Wahrnehmungen Wirkliche bloß in der abgeschwächten Form unserer die Wahrnehmungen erinnernden Vorstellungen erahnen. R. St. (am 15. 12. 1917): „Alles das, was aus der äußeren Welt entwickelt ist, lässt uns [„uns"] Freiheit nicht realisieren. Freiheit realisieren lässt uns nur dasjenige, was sich unabhängig von der äußeren Welt in unserem Denken als Antrieb unseres Handelns entwickelt." „Unsere Freiheit beruht darauf, dass unsere Wahrnehmungswelt Maja ist. Unser Wesen vermählt sich mit der Maja und ist dadurch ein *freies* Wesen. Wäre die Welt, die wir wahrnehmen, Wirklichkeit, dann würde diese Wirklichkeit uns zwingen, dann wären wir nicht freie Wesen. Wir sind freie Wesen gerade deshalb, weil die Welt, die wir wahrnehmen, nicht eine Wirklichkeit ist, daher uns auch nicht zwingen kann, – ebensowenig wie uns ein Spiegelbild zwingen kann, davonzulaufen. Darinnen beruht das Geheimnis des freien Menschen, dass man den Zusammenhang einsieht zwischen der Wahrnehmungswelt als einer Maja, der bloßen Spiegelung einer Wirklichkeit und dem Impulsieren des Menschen durch sich selbst." (11. 12. 1917) „... wenn Sie bedenken, dass eigentlich im Vorstellungs- und Sinnesleben der wachen Wirklichkeit nur ein Spiegel des wahren Lebens, eine Maja gegeben ist. Diese Maja kann aber nichts bewirken. Diese Maja kann nicht im Stande einer Causa sein, irgendwie wirkliche Ursache sein. Der Mensch ist aber in der Lage, sich von seinen reinen Vorstellungen zu Handlungen bestimmen zu lassen. Das ist eine Erfahrungstatsache des Lebens, wenn der Mensch nicht durch Leidenschaften, Triebe, Begierden, sondern durch reine Vorstellungen getrieben wird. Das kann sein, und das ist möglich; der Mensch kann sich von reinen Ideen impulsieren lassen. Aber die können nichts bewirken. **Ich** kann also eine Handlung ausführen unter dem Einfluss einer reinen Idee; aber die Idee kann nichts bewirken. Vergleichen Sie noch einmal, um das einzusehen, die Idee mit einem Spiegelbild. Ja, das Bild im Spiegel, das kann nicht bewirken, dass Sie davonlaufen. Das kann keine Causa sein. Wenn aber der Mensch unter dem Einflusse seiner Spiegelbilder, also seiner Ideen handelt, dann handelt er aus der Maja heraus, handelt er eben aus dem Weltenspiegel heraus: *E r muss es sein, der handelt, deshalb handelt er dann frei.* Wenn er seinen Vorstellungen, die bloß Spiegelbilder sind, folgt, handelt er frei. Aus diesem Grunde ist es, warum ich in der „Philosophie der Freiheit" ausgeführt habe, dass der Mensch, wenn er reinen Ideen folgt, dem reinen Denken folgt, ein frei handelndes Wesen ist, weil reine Ideen eben nichts bewirken können, also das Bewirken von anderswoher kommen muss." (11. 12. 1917)

Diese Dornacher Gedanken Rudolf Steiners über „unsere" Freiheit im Dezember 1917 sind das Gegenteil eines einsamen philosophischen Monologs, sie erflossen aus der hingebenden Solidarisierung und Identifizierung des überragenden Vortragenden mit seinen Zuhörern. Man sollte das beachten und sich erinnern, dass der Schöpfer der Geisteswissenschaft zu anderer Zeit sich über Freiheit rein philosophisch, unbelastet von der Esoterik des Mittragens Anderer, ausgesprochen hat. Inmitten der Weltanschauungskämpfe um 1900 erteilte R. St. der Idee der Freiheit einen imponierenden Inhalt. In einem Aufsatz über Carneri als den „Ethiker des Darwinismus" (1900) hieß es: „Zwar unterliegt alles, was geschieht, also auch jede Handlung des Menschen, den ewigen ehernen Naturgesetzen. Aber von dem Punkte an, wo der Mensch sich loslöst von der übrigen Natur, werden die Naturgesetze zu Gesetzen seiner eigenen Wesenheit. Die Naturgesetze, die der Mensch zu einem Inhalt seines Wesens gemacht hat, sind seine Gedanken und Ideen. Sie sind nichts anderes als die höchst gesteigerten, vollkommen entwickelten Naturprozesse. Nicht dadurch ist der Mensch frei, dass er beliebige, von einem unbekannten Orte herange-

holte Sittengebote befolgen kann oder nicht, sondern dadurch, dass er die Entwicklung der Natur als sein eigenes Werk fortführt." Und anlässlich der kritischen Apologie Ernst Haeckels hatte Rudolf Steiner geschrieben (1899): „Die monistische Philosophie [gemeint ist der Standort der „Philosophie der Freiheit"] zeigt die Erscheinung des freien Willens erst im rechten Lichte. Als Ausschnitt des allgemeinen Weltgeschehens steht der menschliche Wille unter denselben Gesetzen wie alle anderen natürlichen Dinge und Vorgänge. Er ist naturgesetzlich bedingt. Indem aber die monistische Philosophie leugnet, dass in dem Naturgeschehen höhere, zwecktätige Ursachen vorhanden sind, erklärt sie zugleich auch den Willen unabhängig von einer solchen höheren Weltordnung. Der natürliche Entwicklungsprozess führt die Naturvorgänge herauf bis zum menschlichen Selbstbewusstsein. Auf dieser Stufe überlässt er den Menschen sich selbst; dieser kann nunmehr die Antriebe seiner Handlungen aus seinem eigenen Geiste holen. Waltete eine allgemeine Weltvernunft, so könnte der Mensch auch seine Ziele nicht aus sich, sondern nur aus dieser ewigen Vernunft holen. Im Sinne des Monismus ist hiernach das Handeln des Menschen durch ursächliche Momente bestimmt; im ethischen Sinne ist es nicht bestimmt, weil die ganze Natur nicht ethisch, sondern naturgesetzlich bestimmt ist."
– Die Situation um 1900 war reif für eine Entscheidung: Wenn die Welt kein Ziel hat, wenn die Welt in Verlegenheit ist um ihren Sinn und ihr Ziel als Natur und Welt, dann konnte diese Situation die Eignung der Welt für die Entgegennahme der theosophischen Offenbarung anzeigen.

6

Der „Geist ersten Ranges" Otto Heinrich Jaeger nahm schon 1859 an der Präparierung der großen Entscheidung Anteil, die dann 1902 fällig wurde. Mit unerhörter Energie lässt er den Gedanken einer „allgemeinen Weltvernunft" verschlungen werden vom konkreten „Ich"-Gedanken. Die Klassiker des philosophischen Idealismus sind an der Frage des Verhältnisses von „Ich" und „allgemeiner Weltvernunft" gescheitert. Die traditionelle „allgemeine Weltvernunft" in der Gestalt von Hegels absoluter „Idee" sieht einem theistischen Gottestraum ähnlicher als einem wirklichen leibhaftigen „Ich". Kann man uns denn überhaupt zumuten, unter „Geist" etwas anderes zu verstehen als den Geist eines wirklichen Menschen? Rudolf Steiner hatte Fichte und Hegel ihr Scheitern zu bestätigen (1899): „Fichte hat in seinem späteren Leben sein auf sich gestelltes, absolutes Ich wieder in den äußeren Gott zurückverwandelt und dadurch der aus der menschlichen Schwäche stammenden Selbstentäußerung [2] die wahre Selbsterkenntnis, zu der er so wichtige Schritte getan, zum Opfer gebracht. Für den Fortschritt dieser Selbsterkenntnis sind daher die letzten Schriften Fichtes ohne Bedeutung." „Weil Hegel das Wesen des Ich zunächst unpersönlich zu fassen suchte, bezeichnet er es auch nicht als Ich, sondern als *Idee*. Hegels Idee ist aber nichts anderes als der von allem persönlichen Charakter freigemachte Inhalt des menschlichen Ich. Dieses Abstrahieren von allem Persönlichen zeigt sich am kräftigsten in Hegels Ansichten über das geistige, das sittliche Leben. Nicht das einzelne, persönliche, individuelle Ich des Men-

2 Es kann Selbstentäußerung auch aus menschlicher *Stärke* geben!

schen darf sich seine Bestimmung vorsetzen, sondern das von diesem abstrahierte große, objektive, unpersönliche Welt-Ich, die allgemeine Welt-Vernunft, die Welt-Idee. Dieser aus seinem eigenen Wesen geholten Abstraktion hat sich das individuelle Ich zu fügen. In den rechtlichen, staatlichen, sittlichen Institutionen, in dem geschichtlichen Prozesse hat die Welt-Idee den objektiven Geist niedergelegt. Diesem objektiven Geiste gegenüber ist der Einzelne minderwertig, zufällig. Hegel wird nicht müde, immer wieder und wieder zu betonen, dass das zufällige Einzel-Ich sich den allgemeinen Ordnungen, dem geschichtlichen Verlauf der geistigen Entwicklung eingliedern müsse. Es ist die Despotie des Geistes über den Träger dieses Geistes, was Hegel verlangt. Es ist ein merkwürdiger Rest des alten Gottes- und Jenseits-Glaubens, der hier bei Hegel noch auftritt."

Als O. H. Jaeger 1859 auftrat, war der Prozess der Abwertung der deutschen philosophischen Klassiker voll im Zuge. Den Fortschritten in der äußerlichen Erkenntnis der materiellen Natur entsprach die Reaktion gegen Hegels monumentale Geistlehre. Fichtes Entdeckung der Göttlichkeit des „Ich"-Sagenkönnens, die vor einem halben Jahrhundert die geistige Elite eines ganzen Volkes begeistert hatte, war jetzt, im anbrechenden Zeitalter der modernen Naturwissenschaft, nur noch ein Kuriosum. An dieser Situation der negativen Wertschätzung des deutschen Geistesimpulses hat sich seit hundert Jahren nichts geändert. – Es könnte fast utopisch erscheinen, wenn Rudolf Steiner über die Gedanken Otto Heinrich Jaegers, des späten Züricher Statthalters des Idealismus, urteilte: dass sie „hineingeweht werden müssten in das Leben der Gegenwart."

Das Leben der Gegenwart zeigt kein Interesse für ein wissenschaftliches Objekt, das vom Forscher erst aus nichts hervorgebracht werden muss, um Gegenstand der wissenschaftlichen Untersuchung sein zu können. Ein solches Objekt ist für Jaeger der absolute Freiheitsakt. Als solchen versteht er das Wesen „Ich". Die Freiheit als „Ich" duldet keinerlei Voraussetzungen: Natur, Welt, Gott, Geschichte müssen sich gefallen lassen, aus der geistigen Freiheitstat eines echten „Ich" ihren Inhalt zu haben. Einzige Voraussetzung ist die Welthaftigkeit und Weltförmigkeit des „Ich". Der Geistesakt des Jaegerschen „Ich" steht ganz ursprünglich in einem Ganzen der geistigen Welt. Es gibt nur das „Ich" *in seiner Welt.*

Es ist für das Leben der Gegenwart bedeutsam, unter Führung Otto Heinrich Jaegers die Repetition des Gedankens der Göttlichkeit des „Ich" zu vollziehen. Die bejahende Anschauung des urkräftigen „Ich"-Gedankens bildet eine wesentliche Voraussetzung für das Sichtbarwerden der theosophischen Frage, die schon berührt wurde. Ich wiederhole die Frage: Wenn das Welt-Wunder des „Ich"-Sagenkönnens unmittelbar Gott selbst ist, dann kann ich mich von der Geist-Offenbarung der Theosophie zu der Vorstellung ermächtigt fühlen, dass *unser* „Ich"-Sagen, indem es Irrtum und Illusion sein muss, *erlösungsfähig* sei. Die Erlösungsfähigkeit ist gegeben, wenn in uns Gott selbst die Ursache und Schuld unserer Illusion sein will, weil diese ein unentbehrlicher Bestandteil der opfervollen Welt-Pädagogik ist, die unsere *Entwicklung* zu reellen eigenständigen Geistern betreibt. – Sodass die Verdächtigung der Anthroposophie als Pantheismus bloß noch langweilig ist.

Brief an Fritz Götte, 4. Januar 1956

Sehr geehrter Herr Götte!

Unter meinem Dache in Lamone haust mit mir zusammen ein Karl Brändli. Er ist der Verfasser des mitfolgenden Aufsatzes über „Die Zukunft des deutschen Idealismus". Ich sende Ihnen den Aufsatz auf Ersuchen des Herrn Brändli, der an die Möglichkeit eines Abdruckes in Ihrer „DREI" denkt. Mit Herrn Brändli würde ich Ihre Stellungnahme zu den Gedanken des Aufsatzes aufrichtig begrüßen. Es scheint mir die Ansicht berechtigt, dass Ihre Stellungnahme sich nicht in einer eventuellen einfachen Ablehnung erschöpfen sollte; es scheint mir, es dürfe im Falle einer Ablehnung eine gedankliche Begründung erwartet werden.

Herr Brändli vertritt die Ansicht, es sei möglich, die Abonnentenzahl der „DREI" in absehbarer Zeit zu verdreifachen, wenn endlich diejenigen Intelligenzkreise angesprochen würden, die längst auf die Begegnung mit R. ST. deswegen warten, weil sie über die notwendigen Bildungsvoraussetzungen verfügen, um auf die *P r o b l e m e* des Ereignisses Anthroposophie aufmerksam zu werden – und wenn andrerseits ein gewisses anspruchsloses Niveau bisheriger anthroposophischer Publizistik durch ein anspruchsvolleres aufgewertet würde.

Wenn „Karl Brändli" ein Deckname sein sollte, so wäre an die Möglichkeit zu denken, dass man sich über den Vorteil verständigte, der darin läge, dass anthroposophische Leser an den unbekannten Namen „Karl Brändli" keine unzweckmäßigen und überflüssigen Assoziationen anzuhängen brauchten.

Ich rechne damit, dass Sie diese Sendung mit dem ihr angemessenen Verantwortungssinn entgegennehmen werden, und bitte um Ihre Äußerung. – Wenn der Aufsatz „Die Zukunft des deutschen Idealismus" heute nicht druckfähig sein sollte, so wird er gewiss in irgendeiner Zukunft schon seine Leser finden.

Mit freundlichen Grüßen
[Karl Ballmer]

Notiz zu Otto Heinrich Jaeger

LAMONE   Jan. 1956

J a e g e r , Otto Heinrich, Dr.,
geb. 10. 6. 1828 in Bürg, Württemberg,
1852 Privatdozent in Tübingen
Sommer 1855 Privatdozent in Zürich
1859 Extraordinarius in Zürich
von 1862 - 1890 an der Turnlehrer-Anstalt Stuttgart
gest. 17. 7. *1912* in Kirchberg a. d. J., Württemberg

In der dicken Festschrift von 1933 „Die Universität Zürich 1833-1933" tritt Jaeger nur am Rande auf. S. 599: „der ebenfalls recht farblose Extraordinarius für praktische Philosophie, d. h. für Psychologie und Pädagogik, der Württemberger Dr. Otto Jäger [O. H. J. selbst schreibt Jaeger, 'Jäger' ist eine Verschweizerung, aber nicht die von R. ST. erhoffte]. Er war ehemaliger Tübinger Privatdozent, mit der damals nicht vereinzelten Verbindung von Philosophie und Turnen, und hatte als wissenschaftlichen Ausweis eine 1848/49 verfasste Preisschrift über Gymnastik der Hellenen eingereicht. Als Vorlesungsgebiet bezeichnete er damals: alte Kulturgeschichte, Geschichte der vorchristlichen Religionen und Pädagogik."

Jaeger bezog als Züricher Extraordinarius keine Besoldung, wurde „wie andere seiner Leidensgenossen mit jährlichen Gratifikationen einigermaßen über Wasser gehalten." – Gratifikation Jaegers für 1858 1200,- Fr. Von 1853 an war O. H. Jaeger auch Turnlehrer der Züricher Kantonsschule. – J. demissionierte 1862 als Extraordinarius „infolge seiner Ernennung als Hauptlehrer einer in Stuttgart zu errichtenden Turnschule".

Zur Beantwortung der erregenden Frage, was O. H. Jaeger seit 1862 auf dem philosophischen Felde noch getrieben hat (bis 1912!), ließe sich einiges auf der Stuttgarter Bibliothek eruieren.

Herrn F. Götte m. Gruß
K. B.

Fr. Th. Vischer war zwischen 1855 und 1866 Professor der Züricher Universität, wo er, nach einem Ausspruch Gottfried Kellers, seines Freundes, der „große Repetent deutscher Nation für alles Schöne und Gute, Rechte und Wahre" war. Jaeger und Vischer waren also in Zürich Fakultätskollegen.

Die Zukunft des deutschen Idealismus

Eine Einleitung in die Theosophie

von
Karl Brändli

Ein Gedicht Schellings

033-003

Als Schelling um 1800 dieses Gedicht verfasste – als Fazit der Fichtisch-Goethisch-Spinozistischen Weltanschauung –, stand die *Zukunft des deutschen Idealismus* noch als erschreckendes und versteinerndes Gorgo-Haupt vor ihm. Die Wendung des älteren Schelling zur „positiven" Philosophie oder „Philosophie der Offenbarung" war einseitig *geschichtlich* – auf die Vergangenheit hinorientiert. Erst in der Geisteswissenschaft (als Theosophie und Anthroposophie) offenbart sich das Vergangene *aus der Kraft der Gegenwart.*

> In der Welt steckt ein Riesengeist,
> Ist aber versteinert mit allen Sinnen,
> Kann nicht aus dem engen Panzer heraus,
> Noch sprengen sein eisern Kerkerhaus,
> Obgleich er oft die Flügel regt,
> Sich gewaltig dehnt und bewegt,
> In toten und lebendigen Dingen
> Tut nach Bewusstsein mächtig ringen (...)
> Die Kraft, wodurch Metalle sprossen,
> Bäume im Frühling aufgeschossen,
> Sucht wohl an allen Ecken und Enden
> Sich an's Licht herauszuwenden (...)
> Und hofft durch Drehen und durch Winden,
> Die rechte Form und Gestalt zu finden;
> Und kämpfend so mit Füß' und Händ'
> Gegen widrig Element,
> Lernt er im Kleinen Raum gewinnen,
> Darin er zuerst kommt zum Besinnen.

In einen Zwergen eingeschlossen
Von schöner Gestalt und geradem Sprossen
(Heißt in der Sprache Menschenkind)
Der Riesengeist sich selber find't;
Von eisernem Schlaf, von langem Traum
Erwacht, sich selber erkennet kaum,
Über sich selbst gar sehr verwundert ist,
Möcht' alsbald wieder mit allen Sinnen
In die große Natur zerrinnen,
Ist aber einmal losgerissen,
Kann nicht wieder zurückefließen
Und steht zeitlebens eng und klein
In der eignen großen Welt allein (...)
Weiß nicht, dass er selber es ist,
Seiner Abkunft ganz vergisst,
Tut sich mit Gespenstern plagen,
Könnt' also zu sich selber sagen:
Ich bin der Gott, der die Welt im Busen hegt,
Der Geist, der sich in allem bewegt.
Vom ersten Ringen dunkler Kräfte
Bis zum Erguss der ersten Lebenssäfte,
Wo Kraft in Kraft, und Stoff in Stoff zerquillt,
Ist E i n e Kraft, E i n Wechselspiel und Weben,
E i n Trieb und Drang nach innerm Leben.

Erläuterungen der Herausgeber

Die vorliegende Neuausgabe enthält den „Briefwechsel über die motorischen Nerven" in der gleichen Form, wie er in der Erstausgabe des „Verlags Fornasella" von 1953 vorliegt. „Fornasella" ist der Name des Gutes von Ballmers Freund Hans Gessner; zur Verlagsgründung mit der gleichen Namensgebung kam es aus Anlass der Publikation der zwischen Ballmer, Gerhard Kienle und Hermann Poppelbaum gewechselten Briefe.

Die Formatierung wurde weitgehend dem Original angeglichen, was für Studienzwecke den Vorteil annähernd gleicher Seitenzählung mit sich bringt. Der Erstdruck entspricht bis auf einen einzigen Fehler des Setzers dem im Nachlass (Staatsarchiv Aarau) vorliegenden Originalmanuskript.

Auch die Zitatquellenangaben Ballmers wurden beibehalten und werden untenstehend unter praktischen Gesichtspunkten ergänzt. Die von Ballmer zitierten Nummern der Vorträge Rudolf Steiners beziehen sich auf die Zählung durch Hans Schmidt, Das Vortragswerk Rudolf Steiners, Dornach 1950. In der Neuauflage dieses bibliographischen Werkes (1978) wurde diese nicht mehr gebräuchliche Zählweise weggelassen. Wo von uns zusätzlich Seitenzahlen zu Ballmers Zitatquellen angegeben werden, geschieht dies ohne Gewähr, d. h. ohne Rücksicht auf verschiedene Auflagen. Auf Schriften und Vorträge Rudolf Steiners wird dabei in der Regel nach den GA-Nummern (Gesamtausgabe im Rudolf Steiner Verlag, Dornach / Schweiz) verwiesen. Den zum Teil erheblichen Differenzen im Wortlaut bei Zitaten Steiners gegenüber heutigen Ausgaben konnte hier nicht nachgegangen werden.

Zu beachten ist zusätzlich das Literaturverzeichnis auf S. 230. Namen in KAPITÄLCHEN verweisen darauf.

Der „Briefwechsel" wird im vorliegenden Band durch – vorwiegend bisher unveröffentlichte – Materialien aus Ballmers Nachlass ergänzt, die einen engeren Bezug zum Haupttext aufweisen. Natürlich waren auswählende Schritte unumgänglich; so gehört etwa die Notiz vom 29. November 1954 (siehe S. 166f) in eine Sammlung von Notizblättern und Briefen, die an Viktor von Weizsäcker, eine Schlüsselfigur des „Briefwechsels", gerichtet sind. Der Umfang dieser Weizsäcker-Sammlung rechtfertigt eine künftige separate Publikation.

Ebenfalls aus inhaltlichen Gründen wird diese Neuherausgabe um den Aufsatz „Die Zukunft des deutschen Idealismus" erweitert. In der Vorbemerkung zur Erstveröffentlichung (1975) dieses Aufsatzes schrieb Hans Gessner, dem Ballmer bereits die Verlegung des „Briefwechsels" anvertraut hatte:

„Drei, bzw. zwei Jahre zuvor hatte er die von ihm im Studium der Geisteswissenschaft Rudolf Steiners erarbeiteten Gedanken in den beiden Schriften „Briefwechsel über die motorischen Nerven" und „Elf Briefe über Wiederverkörperung" zusammengefasst. Die Aufnahme, welche diese beiden Arbeiten Ballmers erfuhren, hatte klar gemacht, dass die darin dargelegte Auffassung des Ereignisses Rudolf Steiner von den an Anthroposophie interessierten Empfängern, für welche sie geschrieben waren, nicht geschätzt wurde. Deshalb setzte er 1956 unter seinen Aufsatz „Die Zukunft des deutschen Idealismus" ein Pseudonym als Autornamen. Die Veröffentlichung unterblieb damals."

Die hier vorliegenden Erläuterungen berücksichtigen ausschließlich philologische Gesichtspunkte. Für eine inhaltliche Beleuchtung des Kampfes Steiners gegen die Annahme von zweierlei Nervenarten sei auf den gleichzeitig erscheinenden Begleitband „Rudolf Steiners Kampf gegen die motorischen Nerven – Das Schicksal einer Weltanschauungsentscheidung in Karl Ballmer und Gerhard Kienle" hingewiesen. Der Autor Peter

Wyssling konfrontiert neuere anthroposophische Wortmeldungen zum „Nervenproblem" mit der Gedankenwelt des „Briefwechsels". Insofern Ballmer seine Publikation als „Experiment" (mit der „akademischen Gruppenseele") verstand, kann diese erweiterte Neuherausgabe zugleich als Dokumentation und Fortsetzung desselben aufgefasst werden. Die marginale Wahrnehmung der Erklärungen Ballmers, welche sich nach dessen Tod im Jahr 1958 fortsetzte, hat ein bedeutsames Analogon in der Missachtung der späteren Kritik Kienles am anthroposophischen „Wissenschaftsraum". Zwischen dieser Kritik und den Inhalten des „Briefwechsels" besteht ein innerer Zusammenhang, der zugunsten der Berechtigung des ungewöhnlichen „Experiments" spricht. Der von Ballmer erhobene Vorwurf des „Schwindelns" anthroposophischer Akademiker (in Anbetracht der geisteswissenschaftlichen Inhalte) erfährt durch die spätere Positionierung Kienles eine unerwartete Bestätigung. Mit Kienles radikaler Forderung zur Rückbesinnung auf die weltanschaulichen Grundlagen der Anthroposophie waren die Hindernisse zur Wahrnehmung der Beiträge Ballmers aus dem Weg geräumt. Sowenig die überraschende „Selbstprüfung" Kienles unbemerkt bleiben kann, sowenig kann das „Experiment" den rhetorischen Launen eines Querkopfes zugeschrieben werden.

Briefwechsel über die motorischen Nerven

Zu Seite

8 *H. G. in fede*: Die Widmung bezieht sich auf Hans Gessner (1898-1986), den Freund Ballmers und Verleger der Erstausgabe des „Briefwechsels". Ballmer schreibt in einem Brief vom 11. Juni 1953 an seinen Freund Carlo Septimus Picht: „'Fornasella'" als Verlagsbezeichnung ist *meine* Erfindung. H. Gessners Landsitz trägt in der Gegend den Namen Fornasella, weil Fornasella aber *Backofen* heißt, eignete sich der Name vorzüglich für einen anthroposophischen Verlag."

Näheres zu Gessners Person auf unserer Internetseite: www.edition-lgc.de/gessner.htm.

9 *Dr. H. Poppelbaum*: Dr. Hermann Poppelbaum (1891-1971), Biologe, vielfältig in der anthroposophischen Bewegung aktiv. Vorstandsmitglied der Allgemeinen Anthroposophischen Gesellschaft, Leiter der Pädagogischen und (ab 1963) der Naturwissenschaftlichen Sektion am Goetheanum. Ballmer kannte ihn von Hamburg her, wo Poppelbaum den Zweig leitete. Näheres: biographien.kulturimpuls.org.

9 *Dr. Gerhard Kienle*: 1923-1983, Arzt, später maßgeblich beteiligt an der Begründung des Gemeinschaftskrankenhauses Herdecke und der Universität Witten/Herdecke. Siehe ebenfalls: biographien.kulturimpuls.org sowie die umfangreiche Biografie „Gerhard Kienle – Leben und Werk" von Peter Selg. Kienle kannte den 32 Jahre älteren Ballmer wohl nicht persönlich, trotz der gemeinsamen Bekanntschaft mit Otto Palmer jun. (siehe Begleitband, S. 121).

9 *Die Grundfragen der Nervenphysiologie*: Siehe Literaturverzeichnis. Die zitierte Stelle findet sich im Wiederabdruck bei Schad auf S. 186.

Zum Verständnis der Ausgangssituation zu Beginn des Briefwechsels einige Passagen von Selg:

„Bereits Otto Palmer, der Berliner Priester, hatte ihn vor und während des Krieges auf das Nerven- und Bewegungsproblem hingewiesen, das von Rudolf Steiner so oft und so eindringlich thematisiert worden war – und ihn aufgefordert, sich mit dieser zentralen wissenschaftlichen Fragestellung im Rahmen seiner medizinischen Ausbildung auseinander zu setzen. Einer neurologischen Krankheit sui generis, die zu schwersten Bewegungsstörungen führt, hatte dann auch Kienles Promotionsarbeit gegolten, freilich vornehmlich unter Aspekten der Krankheitsmanifestation und des Krankheitsverlaufes. Nun wollte er sich ganz offensichtlich den dahinterliegenden Grundlagenfragen stellen – einer gewaltigen Erkenntnisarbeit, die das Maß einer medizinischen Dissertation bei weitem überstieg (...)" (S. 146)

Es folgen Schilderungen über die Manifestation des Problems der „motorischen" Nerven bei Rudolf Steiner und dessen Aufforderung an seine Schüler, hieran weiter zu arbeiten. SELG fährt dann fort (S. 149f):

„Vor dem 30. März 1925 [dem Tod Steiners] erschien lediglich eine kleine, fünfseitige Studie von Friedrich Husemann, Otto Palmers [des Vaters des o.g. gleichnamigen Priesters] Kollegen in der Stuttgarter Klinik, die über Jahrzehnte die einzige Arbeit aus den Kreisen der anthroposophischen Ärzte oder Naturwissenschaftler bleiben sollte. Als der inzwischen fast 61 Jahre alte Husemann seine Skizze „zur Frage des 'motorischen' Nerven" im Frühjahr 1948 zum zweiten Mal abdrucken ließ, schrieb er in einer Vorbemerkung:
„Den nachfolgenden Aufsatz, der in Nr. 2 der 'Mitteilungen der Vereinigung anthroposophisch forschender Ärzte' im Oktober 1921 erschien, gebe ich hiermit erneut in Druck, da die Frage nach dem motorischen Nerven immer wieder an mich gestellt wird. Das Problem müsste dringend erneut bearbeitet werden, zumal das inzwischen verflossene Vierteljahrhundert zweifellos viel neues Material erbracht hat, vermutlich besonders in der amerikanischen Literatur, auf die Dr. Steiner schon damals hinwies."
Exakt zu diesem Zeitpunkt, am 1. März 1948, trat Gerhard Kienle in das physiologische Institut der Universität Tübingen ein. Während seiner dortigen, elfmonatigen Tätigkeit, aber auch im anschließenden Jahr 1949/1950 – das ihn schließlich doch in die Klinik führte –, studierte und prüfte Kienle neben seiner eigentlichen Institutsarbeit und vorläufig ohne Möglichkeit, diesbezüglich selbst experimentell arbei-

ten zu können, Hunderte von neurophysiologischen und neuropsychologischen Arbeiten der internationalen Literatur, die sich mit der Wahrnehmungs- und Bewegungsfähigkeit des Menschen befassten, aber auch all jene Publikationen aus der Wende des 19. zum 20. Jahrhundert, auf die Steiner so eindringlich hingewiesen hatte. Allerdings nicht, um Rudolf Steiners Ausführungen nun anhand des vorhandenen wissenschaftlichen Materials in direkter Weise 'belegen' zu wollen – ein solches Vorgehen stand Kienle gänzlich fern, ja verhielt sich geradezu konträr zu seiner ganzen Wesens- und Lebensart. Die Berliner Gespräche mit Otto Palmer und die später gelesenen Ausführungen Rudolf Steiners hatten vielmehr sein Interesse für eine Fragestellung geweckt, deren eigentlichen Problem- und Wissenschaftskontext er sich nun selbstständig zu erarbeiten begann."

Das Interesse des jungen Mediziners galt dabei, wie SELG schildert, der Abhängigkeit der ärztlichen Tätigkeit vom „praktizierten Menschenbild". Die grundlegende Frage nach dem Leib-Seele-Zusammenhang verweise den verantwortungsvollen Arzt auf die physiologische Erkenntnis, auf „die Nervenfrage". Über mehrere Skizzen kam es zur genannten „vorläufig gültigen und auch vervielfältigten Ausarbeitung". SELG beschreibt die (von Kienle auf Rudolf Steiner zurückgeführte) Kernthese der Arbeit folgendermaßen (S. 157):

„Die inhaltlich schwierigsten Passagen in Kienles Manuskript, in denen er auch am vorsichtigsten formulierte, betrafen die möglichen Wahrnehmungsleistungen derjenigen Nerven, die von der Physiologie bisher als 'motorische' bezeichnet worden waren."

Die Rezeption seiner Arbeit war frustrierend für Kienle: „Als Gerhard Kienle seine umfangreiche Arbeit an den *Grundfragen der Nervenphysiologie* fürs Erste beendet hatte, übersandte er sein Manuskript zahlreichen Kollegen aus der anthroposophischen Ärzteschaft und vielen anderen Menschen. Die Vorläufigkeit seiner Ausarbeitung war ihm hinreichend deutlich, zugleich wusste er um ihren reichen Gehalt. Zu seiner nicht geringen Überraschung aber unterblieb fast jegliche Reaktion – kaum einer der Adressaten antwortete überhaupt oder ging gar inhaltlich auf seine Studie ein; von der Möglichkeit, die Schrift über das Sekretariat der Arbeitsgemeinschaft Anthroposophischer Ärzte für 2,50 DM zu beziehen, machte fast niemand Gebrauch. Man traf sich weiter auf Tagungen, hier und dort – wenn Kienle nicht selbst auf seine Arbeit zu sprechen kam und direkt nachfragte, hörte er von niemandem ein Wort. Herbert Sieweke riet sogar, er solle die Sache für einige weitere Jahre oder gar Jahrzehnte im Schreibtisch ruhen lassen und erst einmal praktisch-ärztliche Erfahrungen sammeln. Alles verlief sich vordergründig im Nichts." (SELG, S. 159.)

Jahrzehnte später geschah die posthume Veröffentlichung 1992 in SCHAD unter deutlichsten Hinweisen auf die diesbezügliche Eigenverantwortung des Herausgebers. Im Vorwort (Band 2, S. 7) heißt es: „Gerhard Kienle hatte seinen Beitrag nie veröffentlicht, da er ihn für dringend bearbeitungsbedürftig hielt. Er hatte selbst noch beabsichtigt, das Thema erneut zu bearbeiten, was ihm nicht mehr vergönnt war." In der „Präambel" auf S. 123 schreibt SCHAD: „Die folgende Abhandlung ('Tübingen 1950. Als Manuskript vervielfältigt') war von PD Dr. med. habil. Gerhard Kienle nie zur Veröffentlichung gedacht. Er schrieb sie mit 27 Jahren als einen Rohentwurf zur Anregung der Diskussion unter den mit den Fragestellungen Rudolf Steiners zur Nervenphysiologie vertrauten Ärzten. Er hätte sie nie publiziert, war er sich doch des unfertigen und unausgereiften Charakters dieses Schriftstücks vollauf bewusst. Durch die jetzige Herausgabe sollte und darf der Autor selbst nie zum Gegenstand der Kritik werden, denn Gerhard Kienle zeichnet eben *nicht* von sich aus als ihr Verfasser noch Herausgeber. Eine kritische Zitierung darf deshalb nur unter Erwähnung dieser speziellen Umstände erfolgen. Kritisiert werden kann allenfalls der Entschluss des Herausgebers, die Schrift der Öffentlichkeit zugänglich zu machen. (…) Gerhard Kienle beabsichtigte noch 1981, selbst eine Arbeitsgruppe für die Neubearbeitung des Themas zu bilden, um erstmals eine kompetente Behandlung derselben zu erreichen, zu der es durch seinen frühen Tod nicht mehr kam."

Zur Entstehungsgeschichte der von SCHAD erwähnten speziellen Umstände, die den Hintergrund der zitierten „Präambel" bilden, verweisen wir erneut auf den Begleitband „Rudolf Steiners Kampf gegen die motorischen Nerven". Die mit Ballmers „Briefwechsel" bereits seit Jahrzehnten vorliegende „kritische Zitierung" von Kienles „Grundfragen", obwohl eine direkte Reaktion auf deren Inhalt, wird von SCHAD nicht erwähnt. Gegen eine posthume Publikation wäre nicht das Geringste einzuwenden, wenn deren Kritik und die spätere Positionierung Kienles ebenfalls einbezogen würde, wie es zum Standard einer Dokumentation gehört. Der Leser ist auf den Inhalt der Präambel angewiesen, welche aber erst vor dem Hintergrund der Publikation des „Briefwechsels" und den späteren Thesen Kienles verständlich wird. – Im Hinblick auf das vom Herausgeber angestrebte Gespräch kann die Abwesenheit des anthroposophischen „Diskurses" (insbesondere in Form der späteren Aussagen Kienles) nur Schaden anrichten.

Im Gegensatz zu SCHAD erwähnt SELG den „Briefwechsel" in einer Fußnote (S. 628). SELG attestiert Ballmers Briefen eine „interessante Inhaltlichkeit". Diese kommt nicht zur Sprache; der Kommentar ist auf ein moralisches Urteil hinsichtlich Sprache und Form der Briefe Ballmers beschränkt. Weshalb die „interessante Inhaltlichkeit" keine Berücksichtigung findet, wird von SELG nicht kommentiert, obwohl die „motorischen Nerven" im (nach SELG „absurden") Buchtitel die Behandlung eines zentralen Lebensthemas Kienles anzeigen. Eine Würdigung des Vorgehens SELGS i. S. „Ballmer" und „Zerreißprobe" (Kienles) findet sich ebenfalls im Begleitband.

9 *H. Witzenmann*: Herbert Witzenmann, 1905-1988, Industrieller, vielfältig in der anthroposophischen Bewegung aktiv. Ab 1963 Vorstandsmitglied der Allgemeinen Anthroposophischen Gesellschaft, später Leiter der Jugendsektion und der Sozialwissenschaftlichen Sektion am Goetheanum. Siehe biographien.kulturimpuls.org.

11 *Von Seelenrätseln*: GA 21.

12 *auf Viktor von Weizsäcker hereinfiel*: Ballmer stand mit Viktor von Weizsäcker in Briefkontakt. Die Nachlassmaterialien zu diesem Komplex sind so umfangreich, dass sich – wie oben gesagt – eine separate Dokumentation aufdrängt.

Die Korrespondenz begann „anlässlich der Lektüre einiger Ihrer mich stark anregenden (erregenden) Schriften" im Juli 1952, anknüpfend an den Weizsäckerschen Begriff des „Antilogischen". Auf einen ersten Brief, in dem Ballmer sich aus dem Erfahrungshintergrund seiner künstlerischen Tätigkeit zum Thema „Licht" und zum menschlichen Sehakt geäußert hatte, antwortete Weizsäcker u. a.: „Auch Sie benutzen den Brief und das Wort, um sich als Maler zu verdeutlichen; noch weiß ich nicht, ob Sie, obwohl Sie ein Maler sind, ein ebenso hoffnungsloser Intellektualist sind wie ich." (Weizsäcker hatte dabei als Freudsche Fehlleistung beidemale statt „Maler" zunächst „Mahner" geschrieben und dies nachträglich korrigiert.) Ballmer darauf: „Inbezug auf die am Schluss Ihrer liebenswürdigen Zeilen auftretenden hoffnungslosen Intellektualisten habe ich die redliche

Vorstellung, dass an ihm die Hoffnungslosigkeit das beste Teil ist. Ohne substanziell aus absoluter Hoffnungslosigkeit zu bestehen, wäre ich nicht trainiert, auf das *Unmögliche* zu stoßen, z. B. auf das absolut Unmögliche – unausdenkbare – 'Mensch'."

Ballmer schickte Weizsäcker im November 1954 auch seinen „Briefwechsel über die motorischen Nerven". Weizsäcker konnte zu dieser Zeit bereits nicht mehr schreiben; er war kurz nach Ballmers erstem Brief wegen seiner Erkrankung an Morbus Parkinson emeritiert worden. Seine Frau bedankte sich in seinem Namen und berichtete, er habe „sich gleich mit Interesse in das Buch vertieft".

Eine weitere Notiz Ballmers aus dem Jahr 1954 bringt die zentrale Bedeutung Weizsäckers zum Ausdruck:

„Eine Apologie dieser *pathischen* Tour ist nicht fällig. Ich habe einfach zum Ablauf meines Schicksals 'Ja' zu sagen, auch wenn ich mich dabei unwohl befinde. Mein individuelles Schicksal im Studium des Werkes und der Person Rudolf Steiners seit 1917 trug mir auf, anthroposophischen Medizinern zu offenbaren, dass sie nicht den Schimmer einer Ahnung davon haben, dass und wie die These R. St.s: „es gibt keine 'motorischen' Nerven" der Angelpunkt seiner Gesamtweltanschauung ist. – Ich belehre Leute, die ich für Nullen halte, dass sie nicht auf V. v. W. hereinfallen durften. Und verehre in V. v. W. den Geist, der die Patronentasche ist, und die Patronentasche er. – Wie gesagt: eine Apologie ist nicht fällig.
Es wurden im Frühjahr 1953 von der Broschüre 400 Exemplare gedruckt, diese liegen bis auf wenige Stücke bei mir. Es erfolgte keine Reaktion der Angesprochenen. Es gab keine Rezension, überhaupt kein Echo – K.B."

(Ballmer greift hier Weizsäckers Begriff des „Pathischen" auf und spielt auf sein biographisches Schlüsselerlebnis mit der Patronentasche an: Ein an einem Alltagsgegenstand erfahrenes „Urerlebnis des Eins-Seins von Subjekt und Objekt" bestimmte Weizsäckers erkenntnis- und wahrnehmungstheoretische Fragestellungen.)

Auch Gerhard Kienle hatte versucht, mit Weizsäcker in Kontakt zu treten. Selg schreibt in seiner Biografie (S. 160):

„Viktor von Weizsäcker, dem er die Arbeit übersandt und bei dem er nachgefragt hatte, ob er seine sinnesphysiologischen Studien eventuell eines Tages in Heidelberg weiterführen könnte, antwortete Gerhard Kienle an seinem [Kienles] siebenundzwanzigsten Geburtstag [22.11.1950]: 'Selten sind die Arbeiter auf physiologischem Gebiete, und wenn Sie so etwas machen wollen, trägt es wohl zu dem bei, was ich auch erstrebt habe und wofür Mitarbeiter zu finden früher sich keine Schwierigkeit bot. Jetzt hat diesen Sektor hier besonders Prof. Dr. Christian übernommen, und ich bitte Sie um die Erlaubnis, auch ihm Ihre Arbeit zeigen zu dürfen, in welche ich nur einige Blicke werfen kann. Soviel ich sehe, halten Sie Männer und Forschungsrichtungen [für] miteinander vereinbar, während ich das für unvereinbar halte, und dem entspricht auch Ihr ungewöhnliches Verfahren, Ihre Arbeit an mehrere Menschen zur Beurteilung zu versenden. Die Wahrheit werden Sie aber auf solche Weise nicht herausbekommen.'"

Nach Selg (S. 210) hat sich Kienle dann im Januar 1953, also zeitgleich mit dem Erhalt der beiden ersten Ballmer-Briefe durch Poppelbaum (s. S. 14) bei Viktor von Weizsäcker beworben – offenbar in Unkenntnis von dessen Krankheit und Emeritierung ein halbes Jahr zuvor.

12 *Vortrag Nr. 4544*: GA 205, Vortrag vom 16. Juli 1921.

12   *Vortrag in Bologna*: Vortrag am 8. April 1911 auf dem IV. Internationalen Kongress für Philosophie über „Die psychologischen Grundlagen und die erkenntnistheoretische Stellung der Anthroposophie". In GA 35 „Philosophie und Anthroposophie. Gesammelte Aufsätze 1904-1923". Mittlerweile auch als Einzelausgabe mit ergänzenden Materialien unter dem Titel „Das gespiegelte Ich" (Rudolf Steiner Verlag, Dornach 2007).

12   *Husemanns „Das Bild des Menschen"*: Friedrich Husemann: Das Bild des Menschen als Grundlage der Heilkunst: Entwurf einer geisteswissenschaftlich orientierten Medizin. Bd. I: Zur Anatomie und Physiologie. 2., erw. Aufl. Stuttgart 1951 (die 1. Auflage, Dresden 1941, wurde zum großen Teil vernichtet).

12   *Anthroposophie. Eine Einführung ...* : GA 234: „Anthroposophie – Eine Zusammenfassung nach einundzwanzig Jahren", darin der 5. Vortrag vom 2. Februar 1924.

14   *Briefe über die „physiologischen Grundlagen der Freiheit" gewechselt*: Siehe Ballmers Bezugnahme am Ende des Antwortbriefes an Poppelbaum (S. 28) und die Anmerkung dazu.

15   *Vortrag Nr. 4547*: GA 206, Vortrag vom 22. Juli 1921: „Die zwölf Sinne des Menschen".

16   *Einführung des Subjektes in die Biologie:* Weizsäcker möchte im „Gestaltkreis", laut Vorwort zur ersten Auflage, „eine ganze Anstrengung auf einen einzigen Punkt sammeln: die Einführung des Subjektes in die Biologie. Das ist meine Absicht."

16   *Pneumatosophie*: GA 115, Vortrag vom 15. Dezember 1911. Der gemeinte Passus wird weiter unten (S. 42ff) noch zitiert.

16   *die „Geheimwissenschaft"*: Rudolf Steiner, Die Geheimwissenschaft im Umriss, Leipzig 1910. GA 13.

17 *Vorträge von 1921*: GA 205 und GA 206. Die angegebenen Vortragsnummern sind:

GA 205: 4528 = 24. Juni; 4530 = 26. Juni; 4535 = 1. Juli; 4536 = 2. Juli; 4539 = 8. Juli; 4543 = 15. Juli; 4544 = 16. Juli.

GA 206: 4547 = 22. Juli; 4550 = 24. Juli; 4564 = 12. August; 4567 = 14. August; 4568 = 15. August; 4570 = 20. August.

19 *Zyklus 11*: GA 119, Vortrag vom 22. März 1910, S. 64.

20 *„Durch die Sinne des Menschen nimmt die Welt sich selbst wahr"*: Siehe Carl UNGER, Esoterisches. Zitat in der Neuausgabe S. 257.

20 *Neueste Fleißproduktionen über die zwölf Sinne*: Anspielung auf Hans Erhard Lauer, Die Zwölf Sinne des Menschen, Basel 1953. Ballmer schreibt am 1. Juli 1953 in einem Brief an Erich Brock, in dem er das Buch als „echte Tragödie" bezeichnet: „Apropos: Der Philosophengott denkt. Denkend ist er, oder der Philosoph, der souveräne Herr. Dieser Denkgott lernt ein Neues dazu: Er ist in seiner Sinneswahrnehmung das in sich selbst gegründete Wesen, außer dem nichts ist. In der Sinneswahrnehmung richtet sich Gott (d. h. die Welt) auf sich selbst. Das - und nichts sonst - ist die Möglichkeit der Anthroposophie Rudolf Steiners. Lauers Buch beweist mit Hilfe des Philosophen Steiner von 1890 (Anthroposophie beginnt 1902!) die Unmöglichkeit dieses Problems 'Anthroposophie'."

21 *Von Seelenrätseln, 1. Aufl., S. 244*: GA 21, Kapitel IV, Abschnitt 6 „Die physischen und die geistigen Abhängigkeiten der Menschen-Wesenheit".

22 *„mit blutendem Herzen"*: GA 151, Vortrag vom 23. Januar 1914.

24 *Pneumatosophie*: GA 115, Vortrag vom 15. Dezember 1911. Der gemeinte Passus wird weiter unten (S. 42ff) noch zitiert.

24 *Zyklus 46, 7*: GA 176, Vortrag vom 17. Juli 1917 „Die aufeinanderfolgenden Erdenleben".

26 *das folgende Schreiben*: Das Briefzitat endet vor dem Absatz „Ihre Erinnerung, lieber Herr Dr. Poppelbaum …". Im Originalbrief schließt sich noch an: „Fairness gebietet, dass ich dieses Schreiben Herrn Witzenmann zur Kenntnis gebe; ich darf Sie ersuchen, den beiliegenden Durchschlag an dessen mir nicht bekannte Anschrift zu leiten."

27 *Vortrag Nr. 4547*: GA 206, Vortrag vom 22. Juli 1921. Zitat gegen Ende des Vortrags.

27 *Adolf Arenson sagte zu dem von R. Steiner in Zyklus 1 über das Erdinnere Dargestellten*: GA 95, Vortrag vom 4. September 1906. Das Zitat von Arenson wird S. 64f ausführlicher gebracht.

28 *vor reichlich zwanzig Jahren im lieben Hamburg / physiologische Grundlagen der Freiheit / Johannes B.*: Ballmer und Poppelbaum hatten in Hamburg, wo Ballmer von 1922 bis 1938 wohnte, unter anderem im Zusammenhang mit den von ihm herausgegebenen „Rudolf Steiner-Blättern" des öfteren Kontakt. „Physiologische Grundlagen der Freiheit?" war der Titel des Aufsatzes von Johannes Bertram, welcher sich kritisch mit Poppelbaum und Eugen Kolisko auseinandersetzte.

28 *Maria Stiefelhagen*: Sie war Leiterin der „Anthroposophischen Studien-Bibliothek" in Hamburg (Holzdamm 46). Der 23. Februar ist Ballmers Geburtstag, der 27. Steiners Geburtstag.

28 *Dr. med. J.*: Dr. med. Otto Siegfried Julius war Urologe und verfügte über eine umfangreiche Kunstsammlung u. a. von

Künstlern der Brücke. Von jüdischer Abstammung (wie auch Ballmers Ehefrau Katharina), verdankte er seine wahrscheinliche Rettung vor dem Holocaust dem beherzten persönlichen Einsatz Ballmers. Ballmer berichtet in einem Brief aus dem Jahr 1947: „Mitte September 38, es war gerade 'Münchener Konferenz' und mit der Möglichkeit des Krieges zu rechnen, entschlossen wir uns von einer Stunde auf die andere, in die Schweiz zu gehen. Wir nötigten Dr. Julius und seine Familie, mitzufahren. In Basel dann grosser Krach und Krampf, bis ein Basler Grenzbeamter auf eigene Verantwortung, entgegen den Befehlen Berns, der Familie J. den Eintritt nach Helvetien ermöglichte. Schon im Januar 39 konnten sie nach New York weiter ..." Julius' Vermögen wurde im Rahmen der „Reichsfluchtsteuer" von den Nazis beschlagnahmt; die im Juli 1939 von Hamburg losgeschickten 13 Kisten mit dem Übersiedlungsgut kamen nie am Bestimmungsort Basel an, die mit enthaltenen Kunstwerke gelten als verschollen bzw. sind Gegenstand entsprechender Provenienzforschung.

28 *Dr. Gerhard Kienle an K. B.*: Der Brief ist in vorliegender Ausgabe auf S. 141f abgedruckt.

32 *23. Januar 1914, Zyklus 33, 4, 14*: GA 151.

33 *Rudolf Steiner in Bologna 1911*: Siehe Anmerkung zu S. 12.

33 *in Stuttgart am 15. Januar 1921*: Mittlerweile in GA 73a erschienen.

34 *in dem Vortrage 1851 „Über tierische Bewegung"*: In: Emil Du Bois-Reymond: Reden, 2. Folge. Biographie, Wissenschaft, Ansprachen. Leipzig 1887, S. 51. Einzelausgabe von 1851 auch im Virtual Laboratory des Max-Planck-Instituts für Wissenschaftsgeschichte: vlp.mpiwg-berlin.mpg.de/library/search.

36 *Die Rätsel der Philosophie*: GA 18, die gemeinte Stelle im Kapitel „Reaktionäre Weltanschauungen", S. 273.

37 *Einleitung zur Cotta-Ausgabe der Werke Schopenhauers*: Heute in GA 33.

37 *Es gibt in der letzten und höchsten Instanz ...*: Schelling in „Über das Wesen der menschlichen Freiheit und die damit zusammenhängenden Gegenstände", zitiert von Steiner in „Die Rätsel der Philosophie", wie folgende Anmerkung.

37 *Dass Wollen Ursein ist ...*: Die Rätsel der Philosophie (GA 18), Abschnitt über Schopenhauer im Kapitel „Reaktionäre Weltanschauungen", S. 268.

38 „*Gespräch zwischen den Fakultäten*": Vgl. hierzu Ballmers Aufsatz „Zum Gespräch zwischen den Fakultäten" in: Karl Ballmer, „Ehrung – des Philosophen Herman Schmalenbach" (1950/1951), 2006 in unserm Verlag erschienen. Ballmer versuchte hier – im Umfeld der Tageszeitung „Basler Nachrichten" und in Anknüpfung an den kurz zuvor verstorbenen Baseler Philosophen Herman Schmalenbach – in einer *öffentlichen* Diskussion zu dieser Thematik Gehör zu finden: „Es wäre gewiss unerwünscht, wenn ein Gespräch der Fakultäten zum – ich bitte den harten Ausdruck zu gestatten – 'Weltanschaungsgeschwätz' würde. Dessen Vermeidung dürfte am ehesten zu erreichen sein, wenn es möglich ist, eine konkrete wissenschaftliche Sachfrage derart hinzustellen, dass an ihr *alle* Fakultäten aus ihren je eigensten Voraussetzungen und aktuellen Interessen heraus echt wissenschaftlichen Anteil nehmen können. Ich stieß bei Rudolf Steiner auf eine solche konkrete Sachfrage, die es m. E. in sich hat, das stärkste Interesse sowohl von Seiten der Theologie, wie nicht minder von Seiten der Psychologie, Physiologie, Physik und nicht zuletzt der Astronomie erregen zu können. Die in der gemeinten Sachfrage behandelte Sache sind die menschlichen Nerven, und die Anregung für das 'Gespräch

der Fakultäten' liegt in der Behauptung und Lehre Rudolf Steiners, dass die Annahme besonderer 'motorischer' Nerven irrtümlich sei."

39 *C. Unger definiert die Sinnenwirkung ...* : In „Die Grundlehren ...", Ausgabe 1964 S. 123.

39 *Zyklus A, 8*: GA 107, Vortrag vom 17. Juni 1909 „Evolution, Involution und Schöpfung aus dem Nichts". Siehe auch Ballmers Texte zur „Synchronizität" im gleichnamigen Buch unseres Verlages (2. Aufl. 2010).

42 *Gestaltkreis, 4. Aufl., S. 20*: Die gemeinte Stelle (Einführung, Abschnitt „Der biologische Akt"): „Erinnern wir uns der Analysen von Bewegung und Wahrnehmung, so entstand der Begriff einer Verschränkung der beiden doch so, dass, indem ich mich bewege, ich eine Wahrnehmung erscheinen lasse." S. 10: Die Leistung des Wahrnehmungsaktes zeigt eine *Verschränkung* des motorischen Geschehens mit dem durch sie ermöglichten Erscheinen von Gegenständen."

42 *im dritten der Vorträge über „Pneumatosophie" am 15. Dezember 1911*: GA 115.

45 *das ganze Buch „Von Seelenrätseln" eine Art Totenamt für Franz Brentano ist*: Das 3. Kapitel des Buches „Von Seelenrätseln" (GA 21) heißt „Franz Brentano – Ein Nachruf".

46 *Als Rudolf Steiner sein Buch „Theosophie" dem Geiste Giordano Brunos widmete*: GA 9. Nur die Erstauflage 1904 trägt die Widmung „Dem Geiste Giordano Brunos gewidmet".

47 *„Über tierische Bewegung"*: Siehe Anmerkung zu Seite 34.

48 *Die Rätsel der Philosophie*: GA 18, Zitat im Kapitel „Reaktionäre Weltanschauungen", S. 268.

48 *„Der Mensch selbst ist die Lösung ..."*: GA 28, XXII. Kapitel. Wörtlich (Hervorhebung von Steiner): „So sagte ich mir

auch: die ganze Welt, außer dem Menschen, ist ein Rätsel, das eigentliche Welträtsel; und *der Mensch ist selbst die Lösung.*"

49 *dieser Brief Sie am 27. Februar erreichen wird*: Rudolf Steiners Geburtstag.

49 *Auf den Seiten 68 bis 71*: Dies sind die letzten Seiten von Kienles Abhandlung, in der posthumen Veröffentlichung bei SCHAD S. 205-207.

50 *Vortrag Nr. 5610*: GA 235, Vortrag vom 17. Februar 1924.

50 *Vortrag Nr. 5128*: GA 326, Vortrag vom 6. Januar 1923.

51 *auf dem Philosophischen Kongress in Bologna*: Siehe Anmerkung zu S. 12.

51 *sondern auch äußerlich erlebt werden*: Dieses „auch" (welches hier auch keinen richtigen Sinn macht) ist in GA 326 (1977/ 1981, S. 142) nicht enthalten. Vermutlich handelt es sich um eine nachträgliche Herausgeber-Korrektur anhand Stenogramm-Abgleichung.

54 *man habe es in dem Buche im ganzen mit einem Totenamt für Franz Brentano zu tun*: siehe Anmerkung zu S. 45.

55 *Brentanos „Psychologie"*: „Psychologie vom empirischen Standpunkt", siehe Literaturverzeichnis.

55 *Dort bezieht sich ein Autor*: Hermann Poppelbaum in seinem Aufsatz „Warum nannte Rudolf Steiner sensible und motorische Nerven wesensgleich?".

56 *Zyklus 30, 8, 15*: GA 124, Vortrag vom 7. März 1911.

56 *„Sinnenwirkung" [C. Unger]*: Siehe Anmerkung zu S. 39.

56 *„Fragment aus dem Jahre 1910"*: GA 45 „Anthroposophie. Ein Fragment aus dem Jahre 1910". Ballmer schreibt dazu in „Abschied vom 'Leib-Seele-Problem'" (veröffentlicht in un-

serm Verlag, 2. Auflage 1997), S. 25: „Das im Jahre 1910 verfasste und zum Teil gedruckte Werk wurde damals nicht veröffentlicht. In der Ausgabe von 1951 ist der Untertitel „Ein Fragment" unsachgemäß und irreführend, er symbolisiert fragmentarisches Verständnis von Herausgebern. Das Werk ist absolut kein Fragment, sondern ein in sich gerundetes und abgeschlossenes Ganzes." Des weiteren in „Editorin Marie Steiner", Verlag Fornasella (Besazio) 1954, S. 38: „Man kann wissen, dass dieses Werk – eine Darstellung der geisteswissenschaftlichen Sinneslehre – in kommenden Zeiten als *das* Fundamentalwerk des Anthroposophen Rudolf Steiner gelten wird. Es handelt sich um eine vollständig in sich geschlossene, abgerundete und fertige Arbeit." Die Formulierung „Selbstwahrnehmung des Stoffes" (bezogen auf die Geruchswahrnehmung) findet sich gegen Ende von Abschnitt VII. „Die Welt, welche den Sinnenorganen zugrunde liegt".

58 „*Wir erleben mit unserem Ich ...*": GA 205, Vortrag vom 16. Juli 1921 (siehe oben S. 17).

59 *Zyklus 45, 2, 21*: GA 175, Vortrag vom 3. April 1917.

60 *Zyklus 4, 11, 17*: GA 105, Vortrag vom 16. August 1908 (S. 192).

61 *Vortrag Nr. 2077*: GA 115, Vortrag vom 25. Oktober 1909. Die Formulierung „merkwürdigerweise gedanklicher Natur" ist, zumindest nach dem GA-Text, kein wörtliches, sondern sinngemäßes Zitat.

64 *im letzten Vortrage des Zyklus 1, „Vor dem Tore der Theosophie"*: GA 95, Vortrag vom 4. September 1906.

65 *Zyklus 35, 6, 3*: GA 132, Vortrag vom 5. Dezember 1911 (S. 78).

68 *Dr. med. F. Husemann hatte 1921 einen vortrefflichen Aufsatz publiziert*: Friedrich Husemann, Zur Frage der 'motorischen Nerven'. In: Mitteilungen der Vereinigung anthroposophisch forschender Ärzte, Nr. 2, Oktober 1921. Nachdruck in: Ärzte-Rundbrief (hrsg. von der Anthroposophischen Gesellschaft, Ärzte-Gruppe Stuttgart), Nr. 9/10, S. 15-20, Februar / März 1948. Ein Wiederabdruck dieses Artikels, „der die Diskussion um das Thema 1921 eröffnete", im Sammelband „Die menschliche Nervenorganisation und die soziale Frage" wurde laut Herausgeber Wolfgang SCHAD (Vorwort, S. 10) nicht gestattet; Gründe werden nicht angegeben. Siehe auch Ballmers Brief vom 12. Dezember 1951, im vorliegenden Band S. 154.

68 *zwei Aufsätze zum Thema der motorischen Nerven*: Karl Hugo Zinck: Sehen und Bewegen, Ein Metamorphosen- und Dreigliederungsproblem (S. 299-331); sowie Hermann Poppelbaum: Warum nannte Rudolf Steiner sensible und motorische Nerven wesensgleich? (S. 333-346). Poppelbaums Beitrag ist nachgedruckt in SCHAD, Teil 2, S. 109-122.

69 *Vortrag Nr. 3240*: GA 170, Vortrag vom 5. August 1916 (S. 65).

69 *Psychosophie, S. 81*: GA 115, Vortrag vom 1. November 1910 (S. 119). Ballmer bringt das Zitat noch ausführlich am Ende des „Briefwechsels".

71 *Vortrag Nr. 4544*: GA 205, Vortrag vom 16. Juli 1921.

71 *philosophische Gruppenseele*: Bei Steiner ist von der „Gelehrtengruppenseele" im Vortrag vom 25. Oktober 1909 in Berlin die Rede (GA 115, S. 39). In den „Elf Briefen über Wiederverkörperung" (Verlag Fornasella, Besazio 1954) schreibt Ballmer ein Jahr später: „Ich halte den Zeitpunkt für gekommen, die akademische 'Gruppenseele', von der in meiner

Arbeit über die motorischen Nerven die Rede ist, zur Selbsterkenntnis anzuregen."

72 *Brief Rudolf Steiners an Rosa Mayreder*: GA 39, Brief Nr. 402 vom 4. November 1894 (S. 231).

73 *Einleitung zu Goethes „Sprüche in Prosa"*: GA 1 (S. 338).

74 *die „klug gewordenen Liberalen"*: Steiner im Vortrag vom 28. August 1906, Stuttgart (GA 95, S. 70).

76 *„merkwürdigerweise gedanklicher Natur"*: siehe S. 61 sowie Anmerkung dazu.

80 *Zyklus 34, 1, 3*: GA 155, Vortrag vom 12. Juli 1914 (S. 143).

83 *Vortrag Nr. 4544*: GA 205, Vortrag vom 16. Juli 1921.

86 *„Die Rätsel der Philosophie", Bd. II, S. 200*: GA 18 (S. 585).

90 *Zyklus 30, 8, 15*: GA 124, Vortrag vom 7. März 1911 (siehe oben S. 56)

90 *Zyklus 33, 4, 13*: GA 151, Vortrag vom 23. Januar 1914 (S. 82).

91 *die am 5. August 1916 gesprochenen Worte*: GA 170 (S. 64).

92 *Zyklus 30, 8, 15*: GA 124, Vortrag vom 7. März 1911 (siehe oben S. 56)

93 *anthroposophisches Grundbuch über den Äther*: Ballmer meint das im nächsten Absatz erwähnte Buch von Günther Wachsmuth: Die ätherischen Bildekräfte in Kosmos, Erde und Mensch (siehe Literaturverzeichnis).

94 *9. Vortrag des Zyklus 22*: GA 137, Vortrag vom 11. Juni 1912 (S. 171).

99 *Vortrag innerhalb des Berliner Verbandes für Hochschulpädagogik*: laut Auskunft der Rudolf-Steiner-Nachlassverwaltung vom 24. 1. 2000 liegt von diesem am 17. März 1900

gehaltenen Vortrag nur eine Zeitungsbesprechung, aber keine Nachschrift vor.

101 *Zyklus 1, Vor dem Tore der Theosophie*: GA 95, Vortrag vom 26. August 1906 (S. 50).

101 *Wahrheit und Wissenschaft*: GA 3.

102 *Ed. von Hartmann nahm ausführlich Stellung zum Inhalte der „Philosophie der Freiheit"*: Steiner übertrug die Bemerkungen Hartmanns in sein eigenes Exemplar und sandte das „Original" Hartmann auf dessen Bitten zurück. Auf der Grundlage dieser im Archiv der Rudolf Steiner Nachlassverwaltung liegenden Steiner-Abschrift (das „Original" ist verschollen) sind von Hartmanns Bemerkungen in Heft 85/86 der Beiträge zur Rudolf Steiner Gesamtausgabe (Dornach 1984) erschienen.

103 *„unterscheidet sich von dem Hegelschen metaphysischen, absoluten Idealismus dadurch ..."*: „Wahrheit und Wissenschaft", GA 3 (S. 15f).

105 *„Will man den Widerspruch der unwahrnehmbaren Wahrnehmung vermeiden ..."*: GA 4, Kapitel VII „Gibt es Grenzen des Erkennens?" (S. 123).

106 *Wenn der Glaube an Atome den Physiker ausmache ...* : Machs Aussage findet sich in „Die Leitgedanken meiner naturwissenschaftlichen Erkenntnislehre ..." (siehe Literaturverzeichnis). Zum Planck-Mach-Streit siehe auch Ballmers „Synchronizität" (2. Auflage 2010 in unserm Verlag), S. 62f.

106 *sein ungemein instruktives Lehrbuch*: „Materialismus und Empiriokritizismus" (siehe Literaturverzeichnis).

107 *„Die Welt ist Gott"*: Das Faksimile der Erstausgabe 1894 der „Philosophie der Freiheit" mit Steiners handschriftlichen

Eintragungen für die Neuausgabe 1918 ist als GA 4a erschienen (1994). Das Zitat dort auf S. 201.

110 *Vortrag Nr. 4544*: GA 205, Vortrag vom 16. Juli 1921.

111 „*Im Geistesorganismus des Menschen ...*": „Theosophie" (GA 4), Kapitel „Die drei Welten", Abschnitt V. „Die physische Welt und ihre Verbindung mit Seelen- und Geisterland".

112 „*elementare Theosophie*": Steiner in „Haeckel, die Welträtsel und die Theosophie" (Vortrag in Berlin, 5. Oktober 1905), enthalten in GA 54.

113 „*Weltmacht Raffael*": Herman Grimm, „Raphael als Weltmacht", in „Fragmente II", Berlin und Stuttgart 1902.

113 *Astronomischer Kurs*: „Das Verhältnis der verschiedenen wissenschaftlichen Gebiete zur Astronomie", vom 1. - 18. Januar 1921. GA 323.

113 „*Im Geistesorganismus des Menschen ...*": siehe Anmerkung zu S. 111.

115 *der von C. G. Jung geschaffene Begriff der „Synchronizität"*: „Synchronizität als ein Prinzip akausaler Zusammenhänge", in: Carl Gustav Jung / Wolfgang Pauli: „Naturerklärung und Psyche", Zürich 1952. Siehe auch Ballmers Texte zur „Synchronizität" (2. Auflage 2010 in unserm Verlag).

115 *die Beiträge von Ingenieur Otto Brühlmann*: Brühlmann hat eine ganze Reihe von Schriften herausgebracht, die heute schwer auffindbar sind. Der reichhaltige Briefwechsel zwischen Ballmer und ihm soll in einer späteren Publikation in unserm Verlag erscheinen (vgl. auch unsere Erläuterungen in: Karl Ballmer, „Die moderne Physik ein philosophischer Wert", 2. Auflage 2010).

117 *Zyklus 42, 7, S.160*: GA 167, Vortrag vom 25. April 1916.

118 *Einleitung zum dritten Bande von Goethes Naturwissenschaftlichen Schriften*: GA 1, Bd.III, Kap.XVI: „Goethe als Denker und Forscher" (S. 265).

119 *Hermann Weyl, Physik als symbolische Konstruktion des Menschen*: Der Aufsatz heißt richtig: „Wissenschaft als ...".

121 *Vorträge über die Philosophie des Thomas von Aquino*: GA 74.

122 *Zyklus 2, 6, 9*: GA 99, Vortrag vom 30. Mai 1907 (S. 73).

124 *Doktorarbeit (1928) eines anthroposophisch orientierten Physikers*: Dr. Ing. Emil Hegelmann: Grundfragen der Physik im Lichte Goethescher Erkenntnisart: Mit dem Versuch einer neuen Darstellung der Hauptsätze der Wärmelehre. Dissertation an der technischen Hochschule Darmstadt. Selbstverlag des Verfassers, 1928.

125 *Vortrag Nr. 2988*: GA 156, Vortrag vom 19. Dezember 1914 (S. 165).

127 *Zweiter Naturwissenschaftlicher Kurs über Wärmelehre*: GA 321 „Geisteswissenschaftliche Impulse zur Entwickelung der Physik".

129 *„In der Natur sind nirgends ..."*: Philosophie der Freiheit (GA 4), gegen Ende des Kapitels XI (S. 189).

130 *Geheimwissenschaft, S.81*: GA 13, Kapitel „Schlaf und Tod" (S. 115).

130 *Vortrag in Pforzheim am 7. März 1914, Nr. 2900*: GA 152.

132 *Zyklus 1, 2. Vortrag, S. 8*: GA 95, Vortrag vom 23. August 1906 (S. 22).

133 *Zyklus 42, 7, S. 160*: GA 167, Vortrag vom 25. April 1916.

133 *Erster Naturwissenschaftlichen Kurs über Licht-Lehre*: GA 320, Vortrag vom 27. Dezember 1919 (S. 98ff).

139 *dieser Brief das Datum des 5. März 1953 trägt*: Sehr wahrscheinlich spielt Ballmer auf den Tod Josef Stalins an. Der Staats- und Parteichef war am Abend des 5. März 1953 gestorben; die Nachricht wurde sofort über Radio verbreitet.

139 *im ersten von vier Vorträgen über „Psychosophie"*: GA 115, Vortrag vom 1. November 1910 (S. 118ff).

Ergänzung des historischen Briefwechsels

141 *Briefe über die „physiologischen Grundlagen der Freiheit"*: siehe S. 14 und 28 sowie die Anmerkung dazu.

143 *Ihre Anzeigen in den „Kommenden"*: siehe den faksimilierten Entwurf auf S. 149.

143 *oder ich werde rechtliche Schritte gegen Sie unternehmen*: Es sind weder rechtliche Schritte noch andere direkte Reaktionen Kienles auf die Veröffentlichung bekannt.

Ergänzungen aus den Entwürfen zum „Briefwechsel"

146 *Wie kann es nur angehen*: Vgl. im Haupttext S. 126.

146 *Ideal der Trägheit*: Vermutlich denkt Ballmer hier an Bemerkungen Steiners zum Trägheitsgesetz in: Der Entstehungsmoment der Naturwissenschaft in der Weltgeschichte (GA 326), Vortrag in Dornach am 2. Januar 1923 (S. 105f).

147 *„Im Anfang ist die Kraft der Erinnerung"*: siehe S. 130 sowie die Anmerkung dazu.

148 *Zusendung der eben erschienenen „Phil d. Fr." an John Henry Mackay*: Der Brief ist vom 5. Dezember 1893. Heute in GA 39, S. 193f. Steiner schreibt: „Meiner Meinung nach bildet der erste Teil meines Buches den philosophischen Unterbau für die Stirnersche Lebensauffassung. Was ich in der zweiten Hälfte der 'Freiheitsphilosophie' als ethische Konsequenz

meiner Voraussetzungen entwickle, ist, wie ich glaube, in vollkommener Übereinstimmung mit den Ausführungen des Buches 'Der Einzige und sein Eigentum'." – Ballmer hatte im Sommer 1930 diesen Brief mit vier weiteren originalen Briefen und einer Postkarte Steiners an Mackay aus dessen Eigentum nach Dornach vermittelt und sich dabei dafür eingesetzt, dass Mackay, der materiell notleidend war, ein angemessener Preis dafür gezahlt wurde.

Sonstige Ergänzungen

154 *des vergriffenen Aufsatzes von Dr. med. F. Husemann*: Siehe S. 68 und die Anmerkung dazu.

154 *kürzliche Lektüre von zwei Aufsätzen zum gleichen Thema*: Siehe S. 68 und die Anmerkung dazu.

155 *die Worte Zyklus 33, 4, 14*: siehe S. 90f sowie die Anmerkung dazu.

156 *Zyklus 30, 8, 15*: siehe S. 56 sowie die Anmerkung dazu.

156 *22, 9, 8*: siehe S. 94 sowie die Anmerkung dazu.

156 *Der Entstehungsmoment der Naturwissenschaft*: GA 326. Zitat im Vortrag (Dornach) vom 6. Januar 1923, S. 346.

157 *Dr. med. Husemann publizierte 1921 einen vortrefflichen Aufsatz*: siehe S. 68 sowie die Anmerkung dazu.

157 *zwei Aufsätze zum Thema*: siehe S. 68 sowie die Anmerkung dazu.

160 *Ihres herrlichen Seminar-Büchleins*: Gerbert Grohmann: Pflanze, Erdenwesen, Menschenseele, Stuttgart 1953. Die Schrift bewegt sich eng an den „Seminarbesprechungen und Lehrplanvorträgen" Rudolf Steiners bei der Begründung der Freien Waldorfschule entlang. Wiederaufgelegt zusammen mit einer folgenden Schrift Grohmanns von 1954 als „Erste

Tier- und Pflanzenkunde in der Pädagogik Rudolf Steiners", Stuttgart 3. Aufl. 1992.

160 *einen ernsthaften Zuhörer fand*: Grohmann gehörte laut seinem Vorwort *nicht* zu den Zuhörern.

160 *Zu einer einzigen Stelle*: In der o. g. Neuherausgabe S. 111.

160 „*Anthroposophie, Psychosophie, Pneumatosophie*", S. 26: siehe S. 61und die Anmerkung dazu.

162 *Brief an Carlo Septimus Picht*: Der Vollständigkeit halber wird der Brief hier komplett abgedruckt. Picht (1887-1954, näheres siehe biographien.kulturimpuls.org) legte wesentliche Grundlagen zur Erforschung und Herausgabe des Werkes Rudolf Steiners. Bereits 1926 gab er „Das literarische Lebenswerk Rudolf Steiners" heraus, mit 1065 Titeln eine erste Grundlage für die weitere wissenschaftliche Erschließung und die spätere Gesamtausgabe. 1935 berief Marie Steiner ihn in die erste Gruppe zur Betreuung, Erschließung und Herausgabe des Nachlasses. In dieser Funktion stand er auch mit Ballmer in häufigem Briefkontakt und nahm dessen Hilfe in Anspruch. Picht zeigte sich von der „Briefwechsel"-Broschüre sehr angetan, wie er im Brief vom 9. Juni 1953 ausdrückt: „Einmal, dass über ein so prominentes Beispiel Klarheit angestrebt wird; ferner, dass Poppelbaums Schleimhaftigkeit festgenagelt wird, endlich, dass Witzenmanns unrichtige Anwendung seiner (vermutlich) großen Fähigkeiten ans Licht gezogen wird. Was das 'Nicht-verkraften' anbelangt", lobt Picht „das klare Scheidewasser Ihrer Broschüre". „An geistreichen und präzisen Formulierungen, vor allem an pädagogischen, nicht zu überhörenden Thesen, wäre es leicht, aus der Broschüre eine stattliche Liste zu füllen." Im Brief vom 22. Juli 1953 äußert Picht den „Gedanken, dass das nicht tot liegen sollte", und erwägt, „wen man als zuständig (Ärzte p.p.) in Bewegung setzen könnte, dass die Sache aufgegriffen und weitergetrieben wird. [...] Kön-

nen Sie jemand nennen, den man 'impulsieren' könnte. Es ist doch ein zentrales, bisher wohl nur verschwommen berührtes Problem."

163 *empfehlenden Erwähnung des Kienle-Elaborates durch Dr. Poppelbaum im „Goetheanum"*: In einem Entwurf zu Ballmers Referat des Briefes von Poppelbaum (s. S. 14) heißt es abschließend noch: „Nur der Vollständigkeit halber erinnere ich an eine (positive) Beurteilung der Arbeit des Herrn Dr. Kienle in Tübingen über 'Die Grundfragen der Nervenphysiologie' in der Wochenschrift 'Das Goetheanum' (Nr. 40 des 31. Jahrganges, am 5. Oktober 1952)." Diesen Satz nahm Ballmer also nicht in die Broschüre auf. Die gemeinte Stelle im „Goetheanum" ist unscheinbar: Im Rahmen einer Besprechung von Friedrich Husemanns Buch „Das Bild des Menschen als Grundlage der Heilkunst" heißt es gegen Ende: „Die den Schluss bildende Skizze über die '*Physiologie* der Freiheit' ist kühn wie ihr Titel. Und sie hätte bei weiterer Ausführung den Rahmen des Buches gesprengt. Hier ist eine Stelle – es gibt sehr viele in diesem Buche –, wo die Arbeit künftiger Autoren ansetzen kann. [Fußnote dazu:] Erwähnt sei hier als wichtigster Schritt Gerhard Kienles 'Grundbegriffe der Nerven-Physiologie', vorläufig nur als Vervielfältigung in Tübingen erschienen." Poppelbaum erinnerte sich, so hat man den Eindruck, durch den Titel „Physiologie der Freiheit" offenbar bereits hier an die vor über 20 Jahren in Hamburg geführte briefliche Diskussion mit Ballmer (s. S. 28 und die Anmerkung dazu), bevor dieser ihn ein halbes Jahr später anschrieb.

164 *Idee der Physik als „symbolischer Konstruktion"*: Siehe Hermann WEYLS Aufsatz "Wissenschaft als symbolische Konstruktion des Menschen".

166 *Rohmaterial der Physik seien Zahlen / Siehe Beilage*: „Die Zahlenwerte der Verhältnisse stellen das Rohmaterial der

Physik dar." (James Jeans, Physik und Philosophie, deutsch Zürich 1944, S.19.) Ballmer schickt Weyl hier vermutlich Manuskriptmaterial, das in unsere Publikationen „Deutsche Physik - von einem Schweizer" (Edition LGC, 1995) oder „Ehrung - des Philosophen Herman Schmalenbach" (Edition LGC, 2006) eingegangen ist. In beiden Komplexen befasst er sich ausführlich mit der „Frage Zahl", dem „Mysterium der Zahl".

166 *Notizblatt Nr. 15*: Zu Weizsäcker siehe oben die Anmerkung zu S. 12.

167 *„das bisher beste"*: Nicht wörtlich zitiert, siehe S. 163 und die Anmerkung dazu.

168 *Brief an Erich Brock*: Brock (1889 -1976) war ab 1951 Privatdozent und ab 1963 Titularprofessor für Philosophie in Zürich. Ballmer stand seit den 40er Jahren im Zusammenhang mit seiner publizistischen Tätigkeit in diversen Zeitungen mit ihm in Kontakt; zur Zeit dieses Briefes war Brock Redakteur bei der Zürcher Wochenzeitung „Die Tat". Der von ihm verfasste naturkundliche Artikel, auf den Ballmer sich hier bezieht, hatte den Titel: „Wer regiert Bienenstock und Ameisenhaufen?". Brock hatte den „Briefwechsel" erhalten und schrieb am 28. Januar 1954 dazu: „Ich habe immer noch Ihren 'Briefwechsel' auf meinem Schreibtisch liegen und habe das Buch mehrmals in Angriff genommen, um von irgend einem Punkte aus es für Leser einer Tageszeitung aufzuschließen. Aber ich glaube nun, dass es überhaupt da fehl am Platze wäre und in irgend einer Fachzeitschrift angezeigt werden sollte. Ich versuche einmal einen Physiker dafür zu interessieren […]. Die Hauptsache scheint mir zunächst, dass Sie einmal Ihr Schweigen gebrochen haben und auf diese Weise hoffentlich in ein Produzieren hineingelangen, das Ihre reiche Gedankenwelt nach und nach erschließt."

Die Zukunft des deutschen Idealismus

170 *von Karl Brändli*: siehe den begleitenden Brief an Fritz Götte (unten S. 191f): Ballmer schlägt vor, den Aufsatz unter diesem Pseudonym in „Die Drei" zu veröffentlichen. Dem etwa gleichzeitig entstandenen „Abschied vom 'Leib-Seele-Problem'" (in unserm Verlag in 2. Auflage 1997) hat Ballmer ebenfalls den Untertitel „von Karl Brändli" beigegeben.

172 *die „heimliche Religion Deutschlands", der Pantheismus*: Heinrich Heine schrieb in „Zur Geschichte der Religion und Philosophie in Deutschland" (1833/1834): „Denn Deutschland ist der gedeihlichste Boden des Pantheismus; dieser ist die Religion unserer größten Denker, unserer besten Künstler, und der Deismus, wie ich später erzählen werde, ist dort längst in der Theorie gestürzt. Man sagt es nicht, aber jeder weiß es; der Pantheismus ist das öffentliche Geheimnis in Deutschland. In der Tat, wir sind dem Deismus entwachsen. Wir sind frei und wollen keines donnernden Tyrannen. Wir sind mündig und bedürfen keiner väterlichen Vorsorge. Auch sind wir keine Machwerke eines großen Mechanikus. Der Deismus ist eine Religion für Knechte, für Kinder, für Genfer, für Uhrmacher. – Der Pantheismus ist die verborgene Religion Deutschlands und dass es dahin kommen würde, haben diejenigen deutschen Schriftsteller vorausgesehen, die schon vor fünfzig Jahren so sehr gegen Spinoza eiferten."

172 *Dornacher Vortrag vom 10. Dezember 1917*: Geschichtliche Notwendigkeit und Freiheit, Schicksaleinwirkungen aus der Welt der Toten. Acht Vorträge zwischen dem 2. und 22. Dezember 1917. GA 179.

172 *Otto Heinrich Jaeger*: Siehe Ballmers Notiz zu seiner Person, hier wiedergegeben auf S. 192f. Im oben genannten Vortrag Steiners (übrigens die einzige in der Gesamtausgabe zu sehende Bezugnahme auf Jaeger) wird der Name in heutigen

Ausgaben als „Jäger" wiedergegeben. – Über und von Jaeger ist heute vor allem im Hinblick auf Sportgeschichte (seine Schrift „Die Gymnastik der Hellenen", seine spätere praktische Tätigkeit in Stuttgart) die Rede, etwa unter dem Gesichtspunkt „Wehrturnen und griechische Gymnastik – Die Griechen-Rezeption deutscher Turnlehrer im 19. Jahrhundert" (Aufsatz von Michael Krüger, in: Sportwissenschaft, 20 (1990) 2, S. 125-145). Der von Steiner und Ballmer gemeinte philosophische Impuls Jaegers, mit dem Hauptwerk „Die Freiheitslehre als System der Philosophie", scheint nach wie vor vergessen zu sein. Aus anthroposophischer Richtung gibt es ein kleines Buch von Herbert Witzenmann: „Otto Heinrich Jaegers Freiheitslehre", mit einem faksimilierten Auszug aus Jaegers genanntem Werk, Dornach (Gideon-Spicker-Verlag) 1981 („Vergessene Zukunft, Bd. 1").

173 *die Abdankung der höheren Philosophie vor dem geistlosen Positivismus*: In einer früheren Version nach diesem Satz zusätzlich: „Eine Reintegration der höheren Philosophie ist inzwischen nicht erfolgt. Dagegen sollte es heutigen Philosophen nicht schwer fallen, auf die unverminderte Aktualität der Ideen O. H. Jaegers zu stoßen, wenn sie die eigentümliche Beziehung bemerken wollten, die zwischen der 'Ich'-Lehre Jaegers und der Altersphilosophie Edmund Husserls besteht. (Edmund Husserl, Die Krisis der europäischen Wissenschaften und die transzendentale Phänomenologie, Haag 1954.)"

177 *Lasciate ogni speranza!*: „Lasciate ogni speranza, voi ch' entrate." („Lasst, die ihr eintretet, fahren alle Hoffnung.") In Dantes „Divina Commedia" der Spruch über der Pforte zur Hölle.

180 *Die Rätsel der Philosophie, I, S. 2*: Gegen Anfang des Kapitels „Die Weltanschauung der griechischen Denker" (GA 18, S. 37).

180 *Dem Geiste Giordano Brunos gewidmet*: Siehe Anmerkung zu Seite 46.

181 *Wien, 9. April 1914, Zyklus 32, 1, 14*: in GA 153, S. 88.

181 *Die Rätsel der Philosophie" I, S. 63*: GA 18, S. 114.

183 *Zyklus 1, S. 35*: Vortrag in Stuttgart, 28. August 1906 (Zitat gleich auf der ersten Seite, GA 95, S. 64).

184 *Alles das, was aus der äußeren Welt entwickelt ist ...* : GA 179, S. 96 (siehe Anmerkung zu S. 179).

185 *Unsere Freiheit beruht darauf ...* : GA 179, S. 86f.

185 *wenn Sie bedenken*: a.a.O. (S. 86).

186 *Aufsatz über Carneri*: „Bartholomäus Carneri, der Ethiker des Darwinismus." In: Die Gesellschaft, 16. Jg., Bd. 4, Heft 3; Nov. 1900. GA 30, S. 452-461, Zitat S. 459.

187 *anlässlich der kritischen Apologie Ernst Haeckels*: „Haeckel und seine Gegner". In: Die Gesellschaft, 15. Jg., Bd. 3, Heft 4, 5, 6; Aug./Sept. 1899. GA 30, S. 152-200, Zitat S. 179f.

188 *Rudolf Steiner hatte Fichte und Hegel ihr Scheitern zu bestätigen*: „Der Egoismus in der Philosophie". In: Arthur Dix (Hrsg.): Der Egoismus, Leipzig 1899. Unter dem Titel „Der Individualismus in der Philosophie" in GA 30, S. 99-152, Zitate S.138 und 141.

191 *Brief an Fritz Götte*: Fritz Götte (1901-1989) war vielfältig in der anthroposophischen Bewegung aktiv. Unter anderem war er zeitweise Direktor der deutschen Niederlassung der Weleda AG, Mitbegründer des Verlages Freies Geistesleben, hatte 1948 bis 1971 die Schriftleitung der „Mitteilungen aus

der anthroposophischen Arbeit in Deutschland" und 1953 bis 1969 zusätzlich die der Zeitschrift „Die Drei".

195 *Ein Gedicht Schellings*: Ballmer gibt hier nur ausgewählte Passagen des im Herbst 1799 entstandenen Gedichtes „Epikurisch Glaubensbekenntnis Heinz Widerporstens" wieder. Wir hatten dieses Blatt zunächst in die Erstausgabe von „Die moderne Physik ein philosophischer Wert?" (Edition LGC, 1994) aufgenommen, weil Ballmer dort darauf Bezug nimmt. Der vollständige Text ist auffindbar in Schellingiana Rariora, gesammelt und eingeleitet von Luigi Pareyson, Torino: Bottega d' Erasmo, 1977. Oder in Dichtung der Romantik, Elfter Band, Hamburg 1961. Auch auf unserer Internetseite www.edition-lgc.de.

Literaturverzeichnis

Dieses Verzeichnis ergänzt die Einzelanmerkungen. Die meisten Titel sind zitiert nach den Daten der Aargauer Kantonsbibliothek in Aarau, wo Ballmers Bücherbestand archiviert ist. Viele der Bände enthalten zahlreiche handschriftliche Anmerkungen von ihm.

ANTHROPOSOPHISCH-MEDIZINISCHES JAHRBUCH. Der Beitrag der Geisteswissenschaft zur Erweiterung der Heilkunst. Hrsg. von der Freien Hochschule für Geisteswissenschaft, Goetheanum Dornach. Stuttgart/Basel/Dornach: Hybernia-Verlag. Bd. I (1950), Bd. II(1951), Bd. III (1952).

ARENSON, Adolf: Das Erdinnere. Vortrag, am 22.1.1914 in Berlin gehalten. Berlin: Philosophisch-Theosophischer Verlag, 1914.

BRENTANO, Franz: Aristoteles und seine Weltanschauung. Leipzig: Quelle & Meyer, 1911.

BRENTANO, Franz: Psychologie vom empirischen Standpunkt. Mit ausführlicher Einleitung, Anmerkungen und Register hrsg. von Oskar Kraus. Leipzig: Meiner, 1924-1925. Bd. 1: Die Psychologie als Wissenschaft. Bd. 2: Von der Klassifikation der psychischen Phänomene.

DESSAUER, Friedrich: Der Fall Galilei und wir. Veröffentlichung der Freiburger (Schweiz) Naturforschenden Gesellschaft aus Anlass des 300. Gedenktages des Todes Galileis. Luzern: Räber, 1943.

EINSTEIN, Albert / INFELD, Leopold: Die Evolution der Physik. (Berechtigte Übers. der amerik. Originalausgabe von Werner Preusser.) Wien: Zsolnay, 1950.

HAECKEL, Ernst: Natürliche Schöpfungsgeschichte. Gemeinverständliche wissenschaftliche Vorträge über die Entwickelungslehre im Allgemeinen und diejenige von Darwin, Goethe und Lamarck im Besonderen. 5., verb. Aufl. Berlin: Reimer, 1874.

KIENLE, Gerhard: Die Grundfragen der Nervenphysiologie. Manuskriptdruck, Tübingen 1950. Posthum abgedruckt in Wolfgang SCHAD (Hrsg.), Die menschliche Nervenorganisation und die soziale Frage, Teil 2, Stuttgart 1992, S. 123-230.

LENIN, Vladimir Il'ic: Materialismus und Empiriokritizismus. Kritische Bemerkungen über eine reaktionäre Philosophie. Moskau: Verlag für fremdsprachige Literatur, 1947.

MACH, Ernst: Die Leitgedanken meiner naturwissenschaftlichen Erkenntnislehre und ihre Aufnahme durch die Zeitgenossen. Sinnliche Elemente und naturwissenschaftliche Begriffe. Zwei Aufsätze. Leipzig: Barth, 1919.

MACH, Ernst: Die Mechanik in ihrer Entwicklung. Historisch-kritisch dargestellt. 8., mit der 7., gleichlautende Auflage, Leipzig: Brockhaus, 1921.

SCHAD, Wolfgang (Hrsg.): Die menschliche Nervenorganisation und die soziale Frage (Beiträge zur Anthroposophie, Band 6 und 7). Stuttgart: Verlag Freies Geistesleben, 1992. Band 1: Ein anthropologisch-anthroposophisches Gespräch. Mit Beiträgen von Bruno Sandkühler, Irene Buchanan, Hans-Jürgen Scheurle, Gerhard Gutland, Ernst-Michael Kranich, Otto Wolff, Leendert F. C. Mees, Georg von Arnim, Wolfgang Schad. Band 2: Dokumentarischer Anhang. Auszüge aus Werken Rudolf Steiners mit einer Einleitung von Herbert Hensel und Hans-Jürgen Scheurle, Beiträge von Hermann Poppelbaum und Gerhard Kienle.

SELG, Peter: Gerhard Kienle – Leben und Werk. Band 1: Eine Biographie; Band 2: Ausgewählte Aufsätze und Vorträge. Dornach: Verlag am Goetheanum, 2003.

UNGER, Carl: Esoterisches. Dornach: Philosophisch Anthroposophischer Verlag am Goetheanum, 1929. Wiederabdruck in: Carl Unger, Schriften, Zweiter Band, Stuttgart 1966.

UNGER, Carl: Die Grundlehren der Geisteswissenschaft auf erkenntnistheoretischer Grundlage. Dornach: Philosophisch Anthroposophischer Verlag am Goetheanum, 1929. Unter dem Titel „Die Grundlehren der Anthroposophie" enthalten in: Carl Unger, Schriften, Erster Band, Stuttgart 1964.

WACHSMUTH, Günther: Die ätherischen Bildekräfte in Kosmos, Erde und Mensch. Ein Weg zur Erforschung des Lebendigen. Stuttgart: Der Kommende Tag Verlag, 1924.

WEIZSÄCKER, Viktor von: Der Gestaltkreis. Theorie der Einheit von Wahrnehmen und Bewegen. 4. Auflage, Stuttgart: Thieme, 1950.

WEYL, Hermann: Wissenschaft als symbolische Konstruktion des Menschen. In: Eranos Jahrbuch 1948.

WITZENMANN, Herbert: Erkenntniswissenschaftliche Bemerkungen zum Bewegungsproblem. In: ANTHROPOSOPHISCH-MEDIZINISCHEN JAHRBUCH III (1952).

Personenregister

Arenson, Adolf 27, 64, 67, 93, 162, 210
Arenson, Hans 162
Aristoteles 46, 56, 59, 60, 114, 116, 120, 122, 123, 131, 137, 144, 145, 174

Ballmer, Katharina 211
Barth, Karl 137
Bavink, Bernhard 129, 145
Berkeley, George 106
Bertram, Johannes 28, 210
Brentano, Franz 45, 55–63, 76, 114, 116–120, 121, 137, 213
Brock, Erich 168, 225
Brühlmann, Otto 115, 219
Bruno, Giordano 46, 180, 213
Bultmann, Rudolf 70
Buri, Fritz 70, 123

Carneri, Bartholomäus 186, 228
Cohen, Hermann 86

Descartes, René 174
Dessauer, Friedrich 121, 122
Dix, Arthur 228
Du Bois-Reymond, Emil 34, 36, 47, 95, 100, 211

Einstein, Albert 96–98, 115, 127, 146

Faraday, Michael 170
Ficht, Carlo Septimus 195
Fichte, Johann Gottlieb 37, 48, 79, 103, 107, 171, 188, 189, 228
Fierz, Markus 40

Galilei, Galileo 95, 115, 116, 121–124, 129, 131, 144, 170

Gessner, Hans 197–200
Goethe, Johann Wolfgang von 83, 112, 113, 115, 119, 132, 137–139, 169, 195, 220
Götte, Fritz 191, 229
Grimm, Herman 113, 219
Grisebach, Eberhard 132
Grohmann, Gerbert 160, 162, 222, 223

Haeckel, Ernst 112, 187, 219, 228
Hartmann, Eduard von 101–109, 218
Hegel, Georg Wilhelm Friedrich 48, 101, 103, 104, 108, 144, 171, 188, 189, 228
Hegelmann, Emil 220
Heidegger, Martin 138
Heine, Heinrich 226
Heisenberg, Werner 132
Helmholtz, Hermann von 95, 145
Hering, Ewald 58
Husemann, Friedrich 12, 68, 141, 154, 155, 157, 201, 208, 216, 222, 224
Husserl, Edmund 83, 227

Infeld, Leopold 127, 146

Jaeger, Otto Heinrich 172, 173, 182, 188, 189, 190, 192, 227
James, William 58
Jeans, James 225
Jordan, Pascual 145
Julius, Otto Siegfried 28, 210, 211
Jung, Carl Gustav 40, 41, 115, 117, 219

Kant, Immanuel 83, 135, 136
Kastil, Alfred 61, 76
Keller, Gottfried 193
Kolisko, Eugen 210
Kopernikus, Nikolaus 170
Kraus, Oskar 62

Lange, Friedrich Albert 57
Lauer, Hans Erhard 209
Lavoisier, Antoine Laurent de 170

Lenin, Wladimir Iljitsch 106, 121
Leonardo da Vinci 72
Lohmeyer, Walter 151
Ludendorff, Erich 121

Mach, Ernst 105–108, 129, 130, 218
Mackay, John Henry 148, 221, 222
Marx, Karl 106
Mauthner, Fritz 119
Mayreder, Rosa 72, 217
Mill, John Stuart 118
Müller, Johannes 57

Newton, Isaac 95, 115, 116, 122, 128, 144, 145, 170
Nietzsche, Friedrich 120

Palmer, Otto (jun.) 200–202
Palmer, Otto (sen.) 201
Pauli, Wolfgang 219
Picht, Carlo Septimus 162, 199, 223
Planck, Max 40, 106, 128, 218
Platon 131, 145
Poppelbaum, Hermann 9, 10, 14, 15, 28, 29, 31, 35, 54, 141, 162, 163, 167, 197, 200, 207, 208, 210, 214, 216, 223, 224

Raffael 113, 219

Schad, Wolfgang 203–204
Schelling, Friedrich Wilhelm Joseph 37, 48, 103, 171, 195, 212, 229
Schmalenbach, Herman 212, 225
Schopenhauer, Arthur 36–38, 48, 103, 212
Schröer, Karl Julius 119
Selg, Peter 200–205, 207
Sieweke, Herbert 203
Spinoza, Baruch 117, 181, 195
Stalin, Josef 221
Steiner, Marie 215, 223
Stiefelhagen, Maria 28, 210
Stirner, Max 148, 222

Thomas von Aquino 121, 137, 174, 220

Unger, Carl 16, 20, 39, 56, 78, 80, 81, 94, 97, 99, 130, 147, 209, 213, 214

Vischer, Friedrich Theodor 193

Wachsmuth, Günther 17, 25, 94, 217
Weizsäcker, Viktor von 12, 15, 16, 18–20, 25, 41, 56, 68, 99, 100, 125, 154–157, 158, 166, 198, 205–208, 225
Weyl, Hermann 119, 124, 163, 165, 220, 225
Witzenmann, Herbert 9, 26, 27, 65, 68, 69, 73, 75, 77, 78, 81, 83, 85, 94–99, 101, 109, 110, 117, 137, 141, 151, 205, 210, 223, 227

Zenon 96

www.ingramcontent.com/pod-product-compliance
Lightning Source LLC
Chambersburg PA
CBHW050243170426
43202CB00015B/2892